Bilanzen lesen

Dipl.-Kfm. Manfred Weber

2. Auflage

Haufe

Die Deutsche Bibliothek – CIP-Einheitsaufnahme

Weber, Manfred:
Bilanzen lesen / Manfred Weber. – 2. überarb. Aufl.. – Freiburg i. Br. :
Haufe, 2002
(Taschen-Guide ; Bd. 4)
ISBN 3-448-04858-5

ISBN 3-448-04858-5
Bestell-Nr. 00662-0002

1. Auflage 1997 (ISBN 3-86027-172-5)
2., aktualisierte Auflage 2002

Niederlassung München
Postanschrift: Postfach, 82142 Planegg
Hausanschrift: Fraunhoferstraße 5, 82152 Planegg
Fon (0 89) 8 95 17-0, Fax (0 89) 8 95 17-2 50
E-Mail: online@haufe.de
Internet: http://www.haufe.de, http://www.taschenguide.de
Redaktion: Dr. Ilonka Kunow
Lektorat: Dr. Matthias Nöllke, Textbüro Nöllke

Satz + Layout: Satzstudio »Süd-West« GmbH, 82166 Gräfelfing
Umschlaggestaltung: Agentur Buttgereit & Heidenreich, 45721 Haltern am See
Druck: J. P. Himmer GmbH & Co. KG, 86167 Augsburg

Zur Herstellung der Bücher wird nur alterungsbeständiges Papier verwendet.

TaschenGuides – alles, was Sie wissen müssen

Für alle, die wenig Zeit haben und erfahren wollen, worauf es ankommt. Für Einsteiger und für Profis, die ihre Kenntnisse rasch auffrischen wollen.

Sie sparen Zeit und können das Wissen effizient umsetzen:

Kompetente Autoren erklären jedes Thema aktuell, leicht verständlich und praxisnah.

In der Gliederung finden Sie die wichtigsten Fragen und Probleme aus der Praxis.

Das übersichtliche Layout ermöglicht es Ihnen sich rasch zu orientieren.

Anleitungen „Schritt für Schritt", Checklisten und hilfreiche Tipps bieten Ihnen das nötige Werkzeug für Ihre Arbeit.

Als Schnelleinstieg die geeignete Arbeitsbasis für Gruppen in Organisationen und Betrieben.

Besuchen Sie uns im Internet: http://www.taschenguide.de

Hier finden Sie Arbeitsmittel zum Downloaden und können Ihre Meinung direkt an die TaschenGuide-Redaktion mailen. Wir freuen uns auf Ihre Anregungen.

Inhalt

Vorwort

Warum sollten Sie Bilanzen lesen können?

Der Bilanzleser erhält einen Einblick in die wirtschaftliche Lage des betreffenden Unternehmens. Vermögen, Kapital, Finanzierung und Liquidität werden sichtbar.

Aktionäre und Mitarbeiter wollen ihr Unternehmen richtig einschätzen, Lieferanten und Kunden ihre Geschäftspartner besser beurteilen können. Die Auswertung von Bilanzen wird besonders bei Banken in der Kreditwürdigkeitsprüfung durchgeführt und ist die Grundlage für spätere Kreditgewährung.

In diesem Werk erfahren Sie, wie eine Bilanz aufgebaut ist, wie die einzelnen Positionen zu interpretieren sind und wie die Bewertung in der Bilanz erfolgt. Die Unterschiede zum Jahresabschluss und der Gewinn- und Verlustrechnung werden ebenso erläutert.

Anhand einer Musterbilanz werden Sie durch das Werk geführt. Dabei sind die jeweils für dieses Kapitel relevanten Teile hervorgehoben. Diese Musterbilanz ist am Ende des Werkes vollständig abgedruckt.

Das Bilanz-Abc erklärt die wichtigsten Begriffe und dient als schnelles Nachschlagewerk.

Manfred Weber

Bilanz

Wozu braucht man Bilanzen?

Bilanzen lesen und verstehen

Wer eine Bilanz zu lesen versteht, kann ein Unternehmen beurteilen. Die Bilanz zeigt Ihnen die Vermögensverhältnisse, den Kapitalaufbau und die Finanzierung. Sie erkennen also, ob das Unternehmen solide finanziert ist oder ob es kurz vor dem Konkurs steht. Die Bilanz informiert, woher die finanziellen Mittel kommen und wie sie eingesetzt werden.

Veränderungen in der Bilanz sagen etwas über Entwicklungen im Unternehmen aus. Die Bilanz ist immer auf einen bestimmten Zeitpunkt, den Bilanzstichtag, bezogen. So gibt es Eröffnungs-, Schluss- und Zwischenbilanzen.

Aus der Gewinn- und Verlustrechnung können Sie die Ertragslage eines Unternehmens ablesen. Aufwendungen und Erträge des Geschäftsjahres sind hier dargestellt.

Die Bilanz bildet, zusammen mit der Gewinn- und Verlustrechnung, den Jahresabschluss und dient der Rechenschaftslegung. Gläubiger, Lieferanten, Kunden, Mitarbeiter und die Öffentlichkeit werden informiert.

Gesetzliche Grundlagen

Bilanz und Gewinn- und Verlustrechnung sind hervorragende Instrumente zur Kontrolle und Dokumentation, die über den Geschäftserfolg und die Vermögenslage Auskunft geben. Nach dem Handelsgesetzbuch sind Kaufleute, Handelsgesellschaften und eingetragene Genossenschaften dazu verpflichtet, zum Schluss eines Geschäftsjahres einen Jahresabschluss zu erstellen.

Der Jahresabschluss hat den Grundsätzen ordnungsmäßiger Buchführung zu entsprechen. Das bedeutet, er muss vollständig, richtig, zeitgerecht und geordnet sein. Außerdem besteht ein Verrechnungsverbot, d.h., keine Verrechnung von Posten der Aktivseite mit Posten der Passivseite, und keine Aufrechnung von Aufwendungen und Erträgen.

Wie entsteht aus dem Inventar die Bilanz?

Inventur und Inventar

Inventur ist die lückenlose mengen- und wertmäßige Erfassung des Vermögens und der Schulden eines Unternehmens zu einem bestimmten Stichtag. Das Verzeichnis, das bei dieser Bestandsaufnahme erstellt wird, ist das Inventar.

Handelsrecht und Steuerrecht verpflichten die Kaufleute zur Inventur. Der Kaufmann muss sein Vermögen und seine Schulden zu folgenden Anlässen feststellen:

- bei Gründung oder Kauf eines Unternehmens,
- am Ende eines jeden Geschäftsjahres,
- bei Verkauf des Unternehmens.

Durchführung der Inventur

Das Erfassen des gesamten Vermögens und aller Schulden wird als Inventur bezeichnet. Die körperliche Bestandsaufnahme (= körperliche Inventur) der Vorräte ist der wichtigste Teil der Inventur und erfolgt durch Zählen, Wiegen, Messen und Schätzen. Weniger arbeitsintensiv, aber ähnlich vorzugehen ist bei der Ermittlung der technischen Anlagen und Maschinen, des Fuhrparks und der Betriebs- und Geschäftsausstattung. Die körperliche Bestandsaufnahme ist notwendiger Bestandteil einer ordnungsmäßigen Buchführung und Bilanzierung.

Die Werte der übrigen Vermögensgegenstände können größtenteils ohne körperliche Bestandsaufnahme, anhand von Belegen oder buchhalterischen Aufzeichnungen, ermittelt werden. Bankguthaben werden durch Kontoauszüge der Banken festgestellt. Die Höhe der Forderungen an Kunden wird in der Buchhaltung festgehalten. Auch die Schulden sind Gegenstand der buchmäßigen Bestandsaufnahme (= Buchinventur).

Verschiedene Inventurverfahren

Das Vermögen wird bei der Stichtagsinventur durch körperliche Bestandsaufnahme zum Bilanzstichtag, meist dem 31.12., festgestellt.

Die Bestandsaufnahme zum Bilanzstichtag kann entfallen, wenn der mengenmäßige Bestand der Warenvorräte buchmäßig nachgewiesen werden kann. Die Bestandsveränderungen werden als Zu- und Abgänge in der Lagerkartei oder von der EDV erfasst. Die körperliche Bestandsaufnahme kann bei der permanenten Inventur an jedem beliebigen Tag des Geschäftsjahres erfolgen. Die Bestände müssen aber wenigstens einmal im Geschäftsjahr durch eine körperliche Bestandsaufnahme aufgenommen werden.

Inventar ist das Ergebnis der Inventur

Das Inventar (lateinisch *inventarium* = Bestandsverzeichnis) ist ein umfassendes Bestandsverzeichnis, in dem alle Vermögensgegenstände und Schulden nach Art, Menge und Wert einzeln aufgeführt sind. Die Bestimmung von Werten ist die Hauptaufgabe des Inventars.

Das Inventar wird in drei Teile aufgeteilt:

1. Vermögen
2. Schulden
3. Ermittlung des Reinvermögens (= Eigenkapitals)

Vermögen

Das Vermögen gliedert sich in Anlage- und Umlaufvermögen. Das Anlagevermögen beinhaltet alle Vermögensgegenstände, die langfristig zur Durchführung der Betriebsaufgaben benötigt werden:

- Grundstücke und Gebäude
- Maschinen und maschinelle Anlagen
- Betriebs- und Geschäftsausstattung
- Fahrzeuge (Fuhrpark)
- Anlagen im Bau

Zum Umlaufvermögen zählen die Vermögensgegenstände, die nur für kurze Zeit im Unternehmen bleiben. Sie werden zur Erstellung der betrieblichen Leistungen ständig verändert und umgewandelt.

Vorräte sind ein wichtiger Teil des Umlaufvermögens. Im Handel steht an dieser Stelle die Position „Waren".

Das Umlaufvermögen umfasst außer den Vorräten noch Forderungen, Wertpapiere und liquide Mittel.

Schulden

Die Schulden werden im Inventar nach der Fälligkeit, d. h. nach der Dringlichkeit der Zahlung, angeordnet:

Langfristige Schulden

- Hypothekenschulden
- Grundschulden
- langfristige Darlehen

Kurzfristige Schulden

- Lieferantenverbindlichkeiten
- Kontokorrentschulden
- Wechselverbindlichkeiten

Ermittlung des Reinvermögens

Das Reinvermögen bzw. das Eigenkapital können Sie feststellen, indem Sie vom gesamten Vermögen alle Schulden abziehen.

Gesamtvermögen - Schulden = Reinvermögen

Die Unternehmensleitung ist für die ordnungsmäßige Duchführung der Inventur verantwortlich. Das Inventar ist die Grundlage für die Bilanz. Das Inventar und seine beigefügten Unterlagen sind 10 Jahre aufzubewahren (§§ 257 HGB, 147 AO).

Beispiel: Inventar und Bilanz
Inventar des Kaufmanns Marcel Butsch

A. Vermögen	
Grundstücke und Gebäude	724 500 €
Lagereinrichtung	82 900 €
Geschäftsausstattung	69 700 €
Fuhrpark	115 000 €
Waren	120 400 €
Kundenforderungen	140 790 €
Bankguthaben	25 200 €
Kasse	5 280 €
Summe des Vermögens	1 283 770 €
B. Schulden	
Hypothek der Sparkasse	150 000 €
Darlehen der Volksbank	80 000 €
Lieferantenverbindlichkeiten	170 620 €
Summe der Schulden	400 620 €
C. Reinvermögen	
Summe des Vermögens	1 283 770 €
Summe der Schulden	400 620 €
Reinvermögen = Eigenkapital	883 150 €

Das Inventar, mit seiner ausführlichen Aufstellung der einzelnen Vermögensteile und Schulden, ist die Grundlage für die **Bilanz**. Diese wird aus dem Inventar entwickelt und ist eine Kurzfassung des Inventars. Während allerdings Vermögen, Schulden und Eigenkapital im Inventar in Staffelform dargestellt werden, wird in der Bilanz die so genannte Kontenform gewählt.

Auf der **linken** Seite der Bilanz steht das Vermögen. Sie finden beispielsweise die Vermögensposition „Grundstücke und Gebäude" mit dem Wert von 724 500 € aus dem Inventar auf der linken Seite unter Anlagevermögen ausgewiesen. Entsprechend ist mit der Lagereinrichtung, der Geschäftsausstattung und dem Fuhrpark zu verfahren. Waren, Kundenforderungen, Bankguthaben und Kasse erscheinen ebenfalls auf der linken Seite, allerdings unter Umlaufvermögen.

Die rechte Seite weist die Schulden und das Eigenkapital aus. Die im Inventar ausgewiesene Hypothek der Sparkasse über 150 000 € erscheint deshalb auf der rechten Seite der Bilanz. Entsprechend ist mit dem Darlehen der Volksbank und den Lieferantenverbindlichkeiten zu verfahren.

Das im Inventar ausgewiesene Reinvermögen in Höhe von 883 150 € erscheint in der Bilanz auf der rechten Seite als Eigenkapital. Damit stimmen die Bilanzsummen auf der linken und rechten Seite überein.

Die Bilanz sieht dann folgendermaßen aus:

Bilanz des Kaufmanns Marcel Butsch

Aktiva			**Passiva**
VERMÖGEN			KAPITAL
Anlagevermögen		**Eigenkapital**	**883 150**
Grundstücke und Gebäude	724 500	**Schulden**	
Lagereinrichtung	82 900	Hypothek Sparkasse	150 000
Geschäftsausstattung	69 700	Darlehen Volksbank	80 000
Fuhrpark	115 000	Lieferantenverbindlichkeiten	170 620
Umlaufvermögen			
Waren	120 400		
Kundenforderungen	140 790		
Bankguthaben	25 200		
Kasse	5 280		
	1 283 770		**1 283 770**

Was liest man in der Bilanz?

Die linke Seite der Bilanz, die Aktivseite, zeigt das Vermögen des Unternehmens. Sie erfahren ferner, welche Werte auf die einzelnen Vermögenspositionen (Aktiva) entfallen. Auf der rechten Seite, der Passivseite, sind die Kapitalwerte (Passiva) aufgeführt, unterteilt in Eigenkapital und Fremdkapital. Während die Aktivseite Sie über die Mittelverwendung informiert, unterrichtet Sie die Passivseite über die Mittelherkunft.

Die Vermögenswerte sind in der Bilanz nach einer bestimmten Reihenfolge angeordnet, nämlich dem Grad, wie schwer sie sich „liquidieren", also in Geld umwandeln lassen. Werte, die nur schwer verflüssigt werden können, wie Grundstücke und Gebäude, stehen auf der Aktivseite ganz oben. Am unteren Ende erscheinen die flüssigen Mittel, Kasse und Bankguthaben.

Das Kapital wird nach der Fälligkeit ausgewiesen. Das Eigenkapital, das langfristig im Unternehmen bleibt, steht immer an der ersten Position. Kurzfristige Verbindlichkeiten, die schon bald zu zahlen sind, werden am Ende aufgeführt.

Die Bilanz ist eine Gegenüberstellung von Vermögen und Kapital, die Summe der Aktiva und die Summe der Passiva ist gleich. „Bilanz" (italienisch „bilancia") heißt Gleichgewicht der Waage. Die folgende Bilanz ist eine gekürzte Form der im Anhang dargestellten Musterbilanz, die allen kommenden Darstellungen zugrunde liegt.

Maschinenbau AG, Stuttgart

Kurzfassung der Bilanz zum 31.12.2001
(in 1000 €)

Aktiva			**Passiva**
Immaterielle Vermögensgegenstände	44	Eigenkapital	51 027
Sachanlagen	56 929	Rückstellungen und Sonderposten	19 189
Finanzanlagen	6 714		
Vorräte	12 357	Verbindlichkeiten gegenüber Banken	14 894
Forderungen	14 980		
Wertpapiere	5 245	Andere Verbindlichkeiten	14 671
flüssige Mittel	3 512		
	99 781		**99 781**

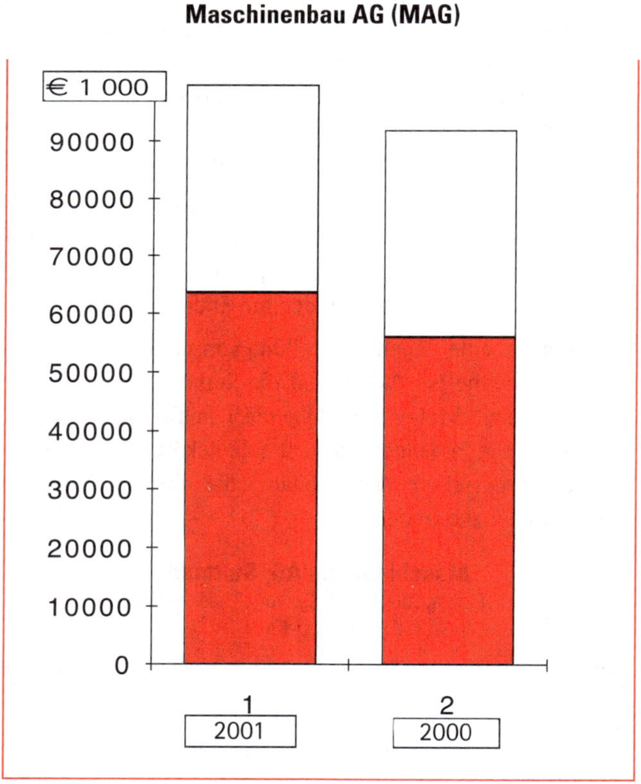

MAG – Aktiva

	31.12.2001	31.12.2000
Aktiva	€ in 1000	€ in 1000
Anlagevermögen	63 687	56 033
Umlaufvermögen	36 094	35 772
	99 781	91 805

Wie wird die Vermögenslage beurteilt?

1. SCHRITT: Die Aktivseite der Bilanz

ZIEL: Vermögenslage beurteilen können

Die Vermögenslage eines Unternehmens können Sie anhand einer Analyse der Aktivseite der Bilanz beurteilen. Die folgende Darstellung zeigt Ihnen die Aktivseite der Maschinenbau AG, Stuttgart, abgekürzt MAG.

Aktiva (in €)	**2001**	
Anlagevermögen		
ImmaterielleVermögensgegenstände	44 000	
Sachanlagen		
– Grundstücke und Bauten	23 041 000	
– Technische Anlagen und Maschinen	26 297 000	
– Betriebs- u. Geschäftsausstattung	2 807 000	
– Anzahlungen und Anlagen im Bau	4 784 000	
Finanzanlagen	6 714 000	
(Summe Anlagevermögen)	63 687 000	
Umlaufvermögen		
Vorräte	12 357 000	
Forderungen und sonstige Vermögensgegenstände	14 759 000	
Wertpapiere	5 245 000	
flüssige Mittel	3 512 000	
(Summe Umlaufvermögen)	35 873 000	
Rechnungsabgrenzungsposten	221 000	
	99 781 000	

Um die Vermögenslage eines Unternehmens beurteilen zu können, gibt es verschiedene Kennzahlen, die Sie aus der Bilanz errechnen können und die Ihnen Aufschluss über verschiedene Aspekte der Vermögensverteilung geben.
Die Anlagenintensität ist eine dieser Kennzahlen. Sie ist das Verhältnis von Anlagevermögen zum gesamten Vermögen, also Anlagevermögen in Prozent der Bilanzsumme.

$$\text{Anlagenintensität} = \frac{\text{Anlagevermögen}}{1\ \%\ \text{Gesamtvermögen (Bilanzsumme)}}$$

Das Anlagevermögen besteht aus Sachanlagen und Finanzanlagen, die dem Unternehmen langfristig zur Verfügung stehen. Das Anlagevermögen ist deshalb auch langfristig zu finanzieren.
Die MAG weist 2001 ein Anlagevermögen von 63 687 000 € auf. Die Bilanzsumme beträgt 99 781 000 €, 1 % sind folglich 997 810 €.

$$\text{Anlagenintensität} = \frac{63\,687\,000}{997\,810} = 63{,}8\ \%$$

Eine Anlagenintensität von 63,8 % ist hoch, fast zwei Drittel der Bilanzsumme entfallen auf Sachanlagen und Finanzanlagen. Eine solche Anlagenintensität erfordert ebenfalls einen hohen Anteil von Eigenkapital bzw. langfristigem Fremdkapital am Gesamtkapital.
Die Bilanzposition „Geleistete Anzahlungen und Anlagen im Bau" weist 4 784 000 € aus, ein Indiz für eine hohe Inves-

titionstätigkeit. Diese führt zu einem höheren Anlagevermögen und damit zu einem Anstieg der Anlagenintensität. Wenn die Anlagenintensität steigt, dann sollte auch der Anteil der langfristigen Finanzierung zunehmen.

Je höher die Anlagenintensität ist, umso höher ist die Belastung mit fixen Kosten, insbesondere Abschreibungen und Zinsen.

Die **Sachanlagenintensität** klammert die Finanzanlagen aus, d. h. Beteiligungen, Aktien des Anlagevermögens und langfristige Ausleihungen an Tochtergesellschaften. Auch die immateriellen Vermögensgegenstände des Anlagevermögens sind herauszurechnen.

$$\text{Sachanlagenintensität} = \frac{\text{Sachanlagevermögen}}{1\ \%\ \text{Gesamtvermögen}}$$

Das Anlagevermögen in Höhe von 63 687 000 € ist um die Finanzanlagen in Höhe von 6 714 000 € zu vermindern, zuzüglich 44 000 €, was 56 929 000 € ergibt.

$$\text{Sachanlagenintensität} = \frac{56\,929\,000}{997\,810} = 57{,}1\ \%$$

Die MAG weist damit eine Sachanlagenintensität von 57 % aus. Wenn das Anlagevermögen des Unternehmens zunimmt, dann führt das zu einem Anstieg der Kennzahl Sachanlagenintensität.

Alle Vermögensposten, die sich rasch ändern, weil sie laufend im Betriebsprozess verändert werden, zählen zum Umlaufvermögen: Vorräte, Forderungen, flüssige Mittel. Die **Umlaufintensität** zeigt das Verhältnis von Umlaufvermögen zu Gesamtvermögen. Ein Unternehmen mit einer hohen Umlaufintensität kann auch in größerem Umfang mit kurzfristigem Fremdkapital arbeiten.

$$\text{Umlaufintensität} = \frac{\text{Umlaufvermögen}}{1\ \%\ \text{Gesamtvermögen (Bilanzsumme)}}$$

Die Umlaufintensität der MAG kann aus den Daten der Bilanz entsprechend ermittelt werden, Umlaufvermögen 35 873 000 €.

$$\text{Umlaufintensität} = \frac{35\,873\,000}{997\,810} = 36\ \%$$

Die Umlaufintensität beträgt 36 %. Die Verschiedenartigkeit einzelner Wirtschaftsbranchen zeigt sich auch in der Zusammensetzung des Umlaufvermögens, ob es vorratsintensiv ist oder eine hohe Forderungsintensität aufweist.

Die **Vorratsintensität** ist eine andere wichtige Bilanzkennzahl, sie setzt die Vorräte in Bezug zum Gesamtvermögen.

$$\text{Vorratsintensität} = \frac{\text{Vorräte}}{1\ \%\ \text{Gesamtvermögen (Bilanzsumme)}}$$

$$\text{Vorratsintensität} = \frac{12\,357\,000}{997\,810} = 12{,}4\ \%$$

Die Aussagefähigkeit wird erhöht, wenn die berechnete Vorratsintensität mit dem Vorjahr verglichen wird. Die Vorräte eines Unternehmens können absolut steigen, also absolut höher als im Vorjahr sein, relativ – und das berücksichtigt die Vorratsintensität – können sie aber unverändert bleiben. Die Bestände im Einkaufs- und Vertriebslager können also nur an die Ausweitung der Geschäftstätigkeit angepasst worden sein.

Der innerbetriebliche Vergleich könnte durch den zwischenbetrieblichen Vergleich, insbesondere mit derselben Branche, ergänzt werden. Sie sehen dann, ob die Vorräte im Vergleich zur Branche zu groß sind.

Forderungsintensität ist die Relation von Forderungen zum Gesamtvermögen. Sie können bei der MAG die Forderungsintensität berechnen, indem Sie die Kundenforderungen laut Bilanz in Höhe von 14 759 000 € durch 1 % der Bilanzsumme dividieren.

$$\text{Forderungsintensität} = \frac{\text{Forderungen}}{\text{1 \% Gesamtvermögen (Bilanzsumme)}}$$

$$\text{Forderungsintensität} = \frac{14\,759\,000}{997\,810} = 14{,}8\ \%$$

Auch die Forderungsintensität kann mit dem Vorjahr und mit Unterenehmen der Konkurrenz verglichen werden.

Der Handel macht mit dem Umlaufvermögen seine Geschäfte. Vorräte und Forderungen binden einen großen Teil des Vermögens im Handel.

Die Bilanzposition **„Rechnungsabgrenzung"** dient der periodengerechten Erfolgsermittlung. Das Unternehmen hat eine Zahlung noch im alten Jahr geleistet, während die Leistung erst im nächsten Jahr erfolgt. Aktive Rechnungsabgrenzungsposten werden für Zahlungen gebildet, die vor dem Bilanzstichtag für einen Zeitraum nach dem Bilanzstichtag geleistet werden.

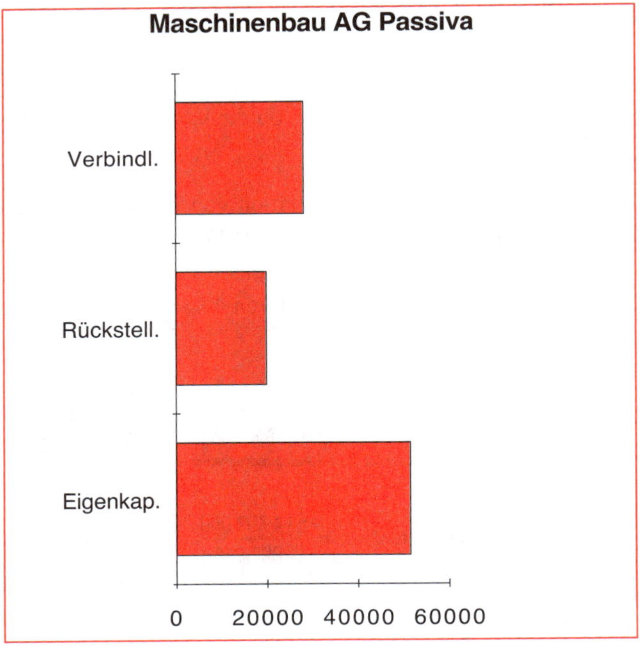

Passiva	€ in 1000
Eigenkapital	51 642
Rückstellungen	19 959
Verbindlichkeiten	28 180

Wie erfolgt die Kapitalaufbringung?

2. SCHRITT: Die Passivseite der Bilanz

ZIEL: Kapitalaufbringung beurteilen können

Die Kapitalaufbringung können Sie anhand einer Analyse der Passivseite der Bilanz beurteilen. Die folgende Darstellung zeigt Ihnen die Passivseite der MAG.

Passiva (in €)	**2001**
Eigenkapital	
Grundkapital	25 000 000
Kapitalrücklage	5 000 000
Gewinnrücklagen	17 700 000
Bilanzgewinn	3 327 000
(Summe Eigenkapital)	**51 027 000**
Sonderposten mit Rücklageanteil	1 230 000
Rückstellungen	
Rückstellungen für Pensionen	14 500 000
Sonstige Rückstellung	5 459 000
(Summe Rückstellungen)	**19 959 000**
Verbindlichkeiten	
Verbindlichkeiten gegenüber Banken	14 894 000
Übrige Verbindlichkeiten	12 548 000
(Summe Verbindlichkeiten)	**27 442 000**
Rechnungsabgrenzung	123 000
	99 781 000

Eine wichtige Kennzahl zur Kapitalaufbringung ist die **Eigenkapitalquote**, das Verhältnis von Eigenkapital zum Gesamtkapital. Das Eigenkapital besteht aus dem Grundkapital sowie den Kapital- und Gewinnrücklagen.

Zum Eigenkapital zählen auch die **„stillen Reserven"**, die aber in der Bilanz nicht erscheinen. Stille Reserven können durch eine Unterbewertung der Aktiva oder eine Überbewertung der Passiva entstehen, z. B. Garantierückstellungen werden überhöht ausgewiesen. Gerade die Bilanzposition „Rückstellungen" kann überhöht sein und damit stille Reserven enthalten. Das Eigenkapital erscheint dann niedriger als es tatsächlich ist.

$$\text{Eigenkapitalquote} = \frac{\text{Eigenkapital}}{\text{1 \% Gesamtvermögen (Bilanzsumme)}}$$

Bei der Berechnung des Eigenkapitals der MAG wurde davon ausgegangen, dass die Hälfte des Bilanzgewinns einbehalten wird. Der Gewinn des Jahres 2001 wurde deshalb entsprechend dem Eigenkapital hinzuaddiert. Beim Sonderposten mit Rücklageanteil wurde davon ausgegangen, dass 50 % Eigenkapital ist.

Eigenkapital der MAG

	Grundkapital	25 000 000
+	Kapitalrücklagen	5 000 000
+	Gewinnrücklagen	17 700 000
+	50 % Bilanzgewinn	1 663 500
+	50 % Sonderposten mit Rücklageanteil	615 000
=	**Eigenkapital**	**49 978 500**

$$\text{Eigenkapitalquote} = \frac{49\,978\,500}{997\,810} = 50{,}1\ \%$$

Die Eigenkapitalquote der MAG beträgt 50,1 %. Eine Eigenkapitalquote von über 40 % ist aber als ordentlich zu bezeichnen.

Die so genannte „klassische Regel" setzt ein **Verhältnis von Eigenkapital zu Fremdkapital** von mindestens 1 : 1 voraus, d. h. die Schulden dürfen damit nicht größer sein als das Eigenkapital. Relationen von 1 : 3 sind aber im Kreditgeschäft der Banken keine Seltenheit.

Die Eigenkapitalquote ist wichtig, reicht aber alleine zur Beurteilung der finanziellen Situation eines Unternehmens nicht aus. Wichtige Faktoren wie stille Reserven, Fristigkeit des Fremdkapitals, der Kreditspielraum bei der Hausbank und den maßgebenden Gläubigern sowie die allgemeine Vermögenslage der Eigentümer spielen ebenfalls eine Rolle.

Der **Anspannungsgrad** nennt den relativen Anteil des Fremdkapitals an der Gesamtsumme des Kapitals.

$$\text{Anspannungsgrad} = \frac{\text{Fremdkapital}}{1\ \%\ \text{Gesamtvermögen (Bilanzsumme)}}$$

Die Summe aus Verbindlichkeiten, Rückstellungen und passiver Rechnungsabgrenzung wird ermittelt und zur Gesamtkapitalsumme in Beziehung gesetzt. Auszuschüttender Gewinn an die Aktionäre ist ebenfalls dem Fremdkapital zuzuordnen, ebenso 50 % des Sonderpostens mit Rücklageanteil.

Fremdkapital der MAG

Verbindlichkeiten	27 442 000
+ Rückstellungen	19 959 000
+ passive Rechnungsabgrenzung	123 000
+ 50 % Bilanzgewinn	1 663 500
+ 50 % Sonderposten Rücklageanteil	615 000
= Fremdkapital insgesamt	**49 802 500**

$$\text{Anspannungsgrad} = \frac{49\,802\,500}{997\,810} = 49{,}9\ \%$$

Der Anspannungsgrad beträgt 49,9 %. Eine hohe Investitionstätigkeit führt zu einem höheren Anspannungsgrad, Kreditrückzahlungen zu einem niedrigeren.

■ *Eigenkapital und Fremdkapital ergeben das Gesamtkapital. Der Anspannungsgrad zeigt den Anteil des Fremdkapitals am Gesamtkapital und entspricht damit der Eigenkapitalquote. Wenn Sie also die Eigenkapitalquote kennen und von 100 % abziehen, dann erhalten Sie den Anspannungsgrad.*
Im Beispiel der MAG: 100 % – 50,1 % = 49,9 % ■

Beim Fremdkapital ist auch die Zusammensetzung von langfristigem und kurzfristigem wichtig. Langfristiges Fremdkapital steht dem Unternehmen oft fast wie Eigenkapital zur Verfügung und kann entsprechend verwendet werden. Sie sollten deshalb den Anteil des **langfristigen Fremdkapitals** am gesamten Fremdkapital feststellen.

$$\text{langfristiges Fremdkapital in \%} = \frac{\text{langfristiges Fremdkapital}}{1\ \%\ \text{gesamtes Fremdkapital}}$$

Die Berechnung des langfristigen Kapitals ist möglich, wenn im Anhang des Geschäftsberichts Angaben gemacht werden: z. B. 80 % der Pensionsrückstellungen, 30 % der sonstigen Rückstellungen, 50 % der Bankschulden sind langfristig.

MAG: Berechnung des langfristigen Fremdkapitals

	insgesamt	langfristig
Pensionsrückstellungen 80 %	14 500 000	11 600 000
+ Sonstige Rückstellungen 30 %	5 459 000	1 637 700
+ Bankverbindlichkeiten 50 %	14 894 000	7 447 000
= langfristiges Fremdkapital		**20 684 700**

$$\text{langfristiges Fremdkapital} = \frac{20\,684\,700}{498\,025} = 41{,}5\ \%$$

41,5 % des Fremdkapitals ist langfristig, ein weiteres Argument für eine gute Finanzierung.

Der Verschuldungsgrad ist eine andere Kennzahl, das wichtige Verhältnis von Eigenkapital zu Fremdkapital zu berechnen. Er ist eine Ergänzung zur Eigenkapitalquote und zum Anspannungsgrad.

Der Verschuldungsgrad wird aus dem Verhältnis von Eigenkapital zu Fremdkapital berechnet.

$$\text{Verschuldungsgrad} = \frac{\text{Fremdkapital}}{\text{Eigenkapital}}$$

Ein Verschuldungsgrad von z. B. 2 besagt, dass das Fremdkapital doppelt so hoch wie das Eigenkapital ist. Ein Verschuldungskoeffizient von kleiner als 1 bedeutet folglich, dass das Fremdkapital kleiner als das Eigenkapital ist. Je höher der Verschuldungsgrad, umso geringer ist die finanzielle Unabhängigkeit eines Unternehmens.

Der Verschuldungsgrad für die MAG lässt sich aus den vorhandenen Daten berechnen.

$$\text{Verschuldungsgrad} = \frac{49\,802\,500}{49\,978\,500} = 0{,}99$$

■ *Das allgemeine Risiko erhöht sich mit steigendem Verschuldungsgrad. Das Eigenkapital, die haftenden Mittel, sind dann schnell zu gering.* ■

Amerikanische Bilanz (GAAP)

Die Darstellung der Bilanz erfolgt in den USA nach den dortigen Rechnungslegungsvorschriften GAAP – den „Generally Accepted Accounting Principles" – in der folgenden Reihenfolge der Positionen:

- **Assets (Aktiva)**
- – Current Assets (Umlaufvermögen)
- – Property, Plant and Equipment (Anlagevermögen)
- **Liabilities and Stockholder's Equity (Passiva)**
- – Current Liabilities (kurzfristige Verbindlichkeiten)
- – Long-Term Borrowings (langfristige Verbindlichkeiten)
- – Stockholder's Equity (Eigenkapital)

Wie erkennt man die Finanzierung?

3. SCHRITT: Aktiva und Passiva

ZIEL: Finanzierung beurteilen können

Die goldene Bilanzregel verlangt, dass das gesamte Anlagevermögen (Gebäude, Maschinen) durch Eigenkapital finanziert wird. Ein hoher Anteil des Anlagevermögens am Gesamtvermögen erfordert ebenfalls einen hohen Anteil an Eigenkapital am Gesamtkapital, also eine hohe Eigenkapitalquote.

Die goldene oder klassische Finanzierungsregel, die auf der goldenen Bilanzregel aufbaut, verlangt Fristenkongruenz. Die Fristen der Kapitalverwendung (= Investierung) sind mit den Fristen der Kapitalbeschaffung (= Finanzierung) abzustimmen.

Das langfristig im Unternehmen investierte Vermögen ist mit langfristigen Mitteln, also Eigenkapital und langfristiges Fremdkapital, zu finanzieren. Ein hoher Anteil des Anlagevermögens am Gesamtvermögen erfordert ebenfalls einen hohen Anteil an Eigenkapital, bzw. langfristiges Fremdkapital am Gesamtkapital.

Maschinenbau AG (MAG), Stuttgart

Bilanz zum 31.12.2001
(in 1000 €)

Aktiva		Passiva	
Anlagevermögen		**Eigenkapital**	
Immaterielle Vermögensgegenst.	44	Grundkapital	25 000
Sachanlagen		Kapitalrücklage	5 000
– Grundstücke und Bauten	23 041	Gewinnrücklagen	17 700
– Technische Anlagen und Maschinen	26 297	Bilanzgewinn	3 327
– Betriebs- und Geschäftsausst.	2 807	*(Summe Eigenkapital)*	*51 027*
– Anzahlungen und Anlagen im Bau	4 784	Sonderposten mit Rücklageanteil	1 230
Finanzanlagen	6 714	**Rückstellungen**	
(Summe Anlagevermögen)	*63 687*	Rückstellungen für Pensionen	14 500
Umlaufvermögen		Sonst. Rückstellung	5 459
Vorräte	12 357	*(Summe Rückstellungen)*	*19 959*
Forderungen und anderes Vermögen	14 759	**Verbindlichkeiten**	
Wertpapiere	5 245	Verbindlichkeiten gegenüber Banken	14 894
flüssige Mittel	3 512	Übrige Verbindlichk.	12 548
(Summe Umlaufvermögen)	*35 873*	*(Summe Verbindlichkeiten)*	*27 442*
Rechnungsabgrenzung	221	**Rechnungsabgrenzung**	123
	99 781		**99 781**

Wenn Sie prüfen möchten, ob ein Unternehmen solide finanziert ist, dann helfen Ihnen drei Kennzahlen, die die Anlagendeckung beschreiben. Bei der ersten Kennzahl wird das Verhältnis von Eigenkapital zu Anlagevermögen berechnet. Wünschenswert ist, dass das Eigenkapital das Anlagevermögen zu 100 % deckt.

$$\text{Anlagendeckung I} = \frac{\text{Eigenkapital}}{1\ \%\ \text{Anlagevermögen}}$$

Die MAG hat ein Anlagevermögen von 63 687 000 €, für das Eigenkapital wurden 49 978 500 € errechnet.

$$\text{Anlagendeckung I} = \frac{49\,978\,500}{636\,870} = 78{,}5\ \%$$

Die **Anlagendeckung I** von 78,5 % erreicht zunächst nicht den wünschenswerten Sollwert von 100 %. Das Anlagevermögen sollte nämlich möglichst durch Eigenkapital finanziert sein. Wenn dies nicht erreicht wird, dann sollte aber eine Finanzierung durch langfristige Mittel gesichert sein.

Die **Anlagendeckung II** ist eine Gegenüberstellung von Anlagevermögen und langfristigem Kapital.

$$\text{Anlagendeckung II} = \frac{\text{Eigenkapital + langfristiges Fremdkapital}}{1\ \%\ \text{Anlagevermögen}}$$

Das langfristige Fremdkapital 2001 der MAG wurde berechnet und beträgt 20 684 700 €. Dieser Betrag ist in die bereits gezeigte Formel einzusetzen.

$$\text{Anlagendeckung II} = \frac{49\,978\,500 + 20\,684\,700}{636\,870} = 111\ \%$$

Die Finanzierung des Anlagevermögens durch langfristiges Kapital wurde voll erreicht. Eigenkapital und langfristiges Fremdkapital kommen zusammen auf 111 %. Das Anlagevermögen ist also zu 100 % durch langfristige Mittel finanziert, auch ein Teil des eisernen Bestandes ist langfristig finanziert. Die Finanzierung ist damit solide.

Die **Anlagendeckung III** bezieht das langfristig gebundene Umlaufvermögen, insbesondere den so genannten eisernen Bestand, in die Analyse ein. Der Mindestbestand an Vorräten ist ebenfalls langfristig zu finanzieren. Das Anlagevermögen und das dauernd gebundene Umlaufvermögen, der eiserne Bestand, sind durch Eigenkapital und/oder langfristiges Fremdkapital zu finanzieren.

$$\text{Anlagendeckung III} = \frac{\text{Eigenkapital} + \text{langfristiges Fremdkapital}}{1\ \%\ (\text{Anlage-} + \text{langfr. Umlaufvermögen})}$$

Welche Bilanzpositionen zur Absicherung von Grundschulden/Hypotheken und von Sicherungsübereignungen in Betracht kommen:
Grundschulden/Hypotheken: Grundstücke und Gebäude
Sicherungsübereignungen: Technische Anlagen, Maschinen, Betriebs- und Geschäftsausstattung, Waren.

Welche Bilanzpositionen zeigen die Liquidität?

4. SCHRITT: Aktiva und Passiva

ZIEL: Liquiditätslage beurteilen können

Liquidität ist die Fähigkeit, allen Zahlungsverpflichtungen zu den jeweiligen Fälligkeitsterminen in voller Höhe nachkommen zu können.

Zwischen den Bilanzpositionen, die zum kurzfristig liquidierbaren Vermögen gehören, bestehen Unterschiede. Man unterscheidet deshalb liquide Mittel erster, zweiter und dritter Ordnung.

Zahlungsmittel, die unmittelbar für Zahlungen verwendet werden können, gehören zu **Liquidität erster Ordnung**. Dazu zählen der Kassenbestand, Postscheckguthaben, Giroeinlagen bei Banken, Schecks und Kundenwechsel.

Die liquiden Mittel erster Ordnung sind in der Bilanz der MAG unter der Position „flüssige Mittel" ausgewiesen und betragen 3 512 000 €.

Aktiva (in €)	
Umlaufvermögen	
Vorräte	12 357 000
Forderungen und sonstige Vermögensgegenstände	14 759 000
Wertpapiere	5 245 000
flüssige Mittel	3 512 000
(Summe Umlaufvermögen)	*35 873 000*

Bei der **Liquidität zweiter Ordnung** kommen noch kurzfristige Forderungen aus Warenlieferungen, Aktien und Obligationen sowie leicht verkäufliche Warenvorräte hinzu. Sie sind zwar nicht unmittelbar einsetzbar wie die liquiden Mittel erster Ordnung, können aber relativ leicht verflüssigt werden.

Die liquiden Mittel zweiter Ordnung der MAG können Sie aus der Bilanz ableiten. Die leicht verkäuflichen Vorräte sind mit 2 000 000 € anzusetzen.

Liquide Mittel zweiter Ordnung der MAG

	flüssige Mittel	3 512 000
+	Wertpapiere	5 245 000
+	Forderungen u. sonst. Vermögensgegenstände	14 759 000
+	leicht verkäufliche Warenvorräte	2 000 000
		25 516 000

Die hohe Liquidität der MAG ist auf die hohen Wertpapierbestände im Umlaufvermögen zurückzuführen.

Bei der **Liquidität dritter Ordnung** kommen noch die gesamten Roh-, Hilfs- und Betriebsstoffe sowie die fertigen und unfertigen Erzeugnisse hinzu. Der Fertigwarenbestand kann in der Regel erst nach einigen Wochen oder Monaten verkauft werden. Keinesfalls darf aber der eiserne Bestand an Materialien oder das zur Aufrechterhaltung der Fertigung notwendige Anlagevermögen zu den liquiden Mitteln hinzugerechnet werden.

Die liquiden Mittel dritter Ordnung können aus dem „Umlaufvermögen abzüglich eiserner Bestand" errechnet werden.

Es ergibt sich eine Summe von 35 873 000 € minus 700 000 € = 35 173 000 €.

Liquide Mittel erster bis dritter Ordnung

Liquide Mittel erster Ordnung	Liquide Mittel zweiter Ordnung	Liquide Mittel dritter Ordnung
		■ Roh-, Hilfs- und Betriebsstoffe ■ unfertige Erzeugnisse ■ fertige Erzeugnisse
	■ kurzfristige Forderungen aus Warenlieferungen ■ Aktien, Anleihen	■ kurzfristige Forderungen aus Warenlieferungen ■ Aktien, Anleihen
■ Kasse ■ Postscheckguthaben ■ Sicht- und Termineinlagen bei Banken ■ Schecks ■ diskontfähige Wechsel	■ Kasse ■ Postscheckguthaben ■ Sicht- und Termineinlagen bei Banken ■ Schecks ■ diskontfähige Wechsel	■ Kasse ■ Postscheckguthaben ■ Sicht- und Termineinlagen bei Banken ■ Schecks ■ diskontfähige Wechsel

Die Höhe der liquiden Mittel sagt allein noch nicht viel über die Liquidität aus. Ein Unternehmen kann durchaus über geringe liquide Mittel verfügen und dennoch liquide sein, dann nämlich, wenn die kurzfristigen Verbindlichkeiten noch kleiner sind. Sie sehen, die Liquidität ist auch abhängig von der

Höhe der kurzfristigen Verbindlichkeiten. Die Liquidität ist immer abhängig vom Verhältnis der liquiden Mittel zu den kurzfristigen Verbindlichkeiten. Auf diese Weise lassen sich drei Grade der Liquidität errechnen.

Die **Liquidität 1. Grades** oder **Barliquidität** bedeutet kurzfristige Zahlungsfähigkeit. Die flüssigen Mittel werden in Beziehung zu den kurzfristigen Verbindlichkeiten gesetzt. Kasse, Postscheckguthaben, Sicht- und Termineinlagen bei Banken sowie diskontfähige Wechsel werden den kurzfristigen Verbindlichkeiten gegenüber gestellt.

$$\text{Liquidität 1. Grades} = \frac{\text{flüssige Mittel}}{\text{1 \% kurzfristige Verbindlichkeiten}}$$

Die Position „flüssige Mittel" beträgt 3 512 000 €, die Verbindlichkeiten sind aus der Bilanz zu ersehen.

Passiva (in €)	
Rückstellungen	
Rückstellungen für Pensionen	14 500 000
Sonstige Rückstellung	5 459 000
(Summe Rückstellungen)	*19 959 000*
Verbindlichkeiten	
Verbindlichkeiten gegen Banken	14 894 000
Übrige Verbindlichkeiten	12 548 000
(Summe Verbindlichkeiten)	*27 442 000*
Rechnungsabgrenzung	123 000

Die Summe der kurzfristigen Verbindlichkeiten kann vereinfacht aus den beiden Positionen „Verbindlichkeiten" und „sonstige Rückstellungen" gebildet werden.

Es soll hier aber ein genaueres Verfahren angewendet werden. 50 % der Bankverbindlichkeiten, 70 % der übrigen Verbindlichkeiten, 60 % der sonstigen Rückstellungen und 5 % der Pensionsrückstellungen werden als kurzfristig eingestuft. Solche Informationen kann der „Bilanzleser" oft, dem Anhang am Ende des Geschäftsberichts entnehmen, wo nähere Informationen zu einzelnen Bilanzpositionen gemacht werden.

Kurzfristige Verbindlichkeiten der MAG

	insgesamt	langfristig
Bankverbindlichkeiten 50 %	14 894 000	7 447 000
+ Übrige Verbindlichkeiten 70 %	12 548 000	8 783 600
Rückstellungen		
+ Pensionen 5 %	14 500 000	725 000
+ Sonst.Rückst. 60 %	5 459 000	3 275 400
= kurzfristige Verbindlichkeiten		**20 231 000**

Es ist eine Beziehung zwischen den flüssigen Mitteln in Höhe von 3 512 000 € und den kurzfristigen Verbindlichkeiten von 20 231 000 € herzustellen. 1 % der Verbindlichkeiten sind 202 310 €. Die Liquidität 1. Grades der MAG erreicht dann am 31.12.2001 17,4 %.

$$\text{Liquidität 1. Grades} = \frac{3\,512\,000}{202\,310} = 17{,}4\ \%$$

Die **Liquidität 2. Grades** oder **einzugsbedingte Liquidität** ist die Gegenüberstellung des kurzfristigen Umlaufvermögens und der kurzfristigen Verbindlichkeiten. Das kurzfristige Umlaufvermögen umfasst flüssige Mittel und kurzfristige Forderungen.

$$\text{Liquidität 2. Grades} = \frac{\text{kurzfristiges Umlaufvermögen}}{1\ \%\ \text{kurzfristige Verbindlichkeiten}}$$

Die MAG weist kurzfristige Verbindlichkeiten in Höhe von 20 231 000 € auf. Das kurzfristige Umlaufvermögen entspricht den liquiden Mitteln zweiter Ordnung. Es beträgt nach der Tabelle „Liquide Mittel zweiter Ordnung" 25 516 000 €.

$$\text{Liquidität 2. Grades} = \frac{25\,516\,000}{202\,310} = 126{,}1\ \%$$

Die MAG erreicht mit 126,1 % eine gute Liquidität 2. Grades.

Die **Liquidität 3. Grades** ist die Gegenüberstellung des gesamten Umlaufvermögens und der kurzfristigen Verbindlichkeiten und bedeutet langfristige Zahlungsfähigkeit. Sie wird auch als **umsatzbedingte Liquidität** bezeichnet.

$$\text{Liquidität 3. Grades} = \frac{\text{gesamtes Umlaufvermögen}}{1\ \%\ \text{kurzfristige Verbindlichkeiten}}$$

Das gesamte Umlaufvermögen der MAG beträgt 35 873 000 €, die kurzfristigen Verbindlichkeiten wurden bereits mit 20 231 000 € ermittelt.

$$\text{Liquidität 3. Grades} = \frac{35\,873\,000}{202\,310} = 177{,}3\,\%$$

Die umsatzbedingte Liquidität der MAG von 177,3 % ist als hoch anzusehen.

Liquidität 1. bis 3. Grades

- *Liquidität 1. Grades oder Barliquidität bedeutet kurzfristige Zahlungsfähigkeit*
- *Liquidität 2. Grades oder einzugsbedingte Liquidität bedeutet mittelfristige Zahlungsfähigkeit*
- *Liquidität 3. Grades oder umsatzbedingte Liquidität bedeutet langfristige Zahlungsfähigkeit*

Darstellung der Liquidität nach IAS und US-GAAP

Die Jahresabschlüsse in den anglo-amerikanischen Ländern nach IAS oder US-GAAP verlangen auch eine Berichterstattung über die Liquidität und die finanzielle Lage (changes in financial position). Sie sind für den Investor wichtig, denn er benötigt außer einer periodengerechten Erfolgsermittlung auch Angaben zur finanziellen Lage des Unternehmens.

Gewinn- und Verlustrechnung (G+V-Rechnung)

Welcher Aufbau ist für die Gewinn- und Verlustrechung vorgeschrieben?

5. SCHRITT: Gewinn- und Verlustrechnung

ZIEL: Konto- und Staffelform kennen

Gewinn- und Verlustrechnung

Der Kaufmann muss am Schluss eines jeden Geschäftsjahres eine **Gewinn- und Verlustrechnung** (G+V-Rechnung) aufstellen (§ 242 HGB).

Während die Bilanz das Vermögen und die Schulden zu einem bestimmten Tag, dem Bilanzstichtag, darstellt, ist die G+V-Rechnung eine **Zeitraumrechnung**. Sie zeigt die Entstehung des Gewinnes bzw. Verlustes in der abgelaufenen Periode. In ihr wird der Gesamterfolg eines Unternehmens dargestellt. Der Gesamterfolg umfasst betriebsbedingte und betriebsfremde Aufwendungen und Erträge.

Das **Betriebsergebnis** dagegen zeigt den Betriebserfolg und unterrichtet, wie erfolgreich das Unternehmen auf seinem eigentlichen Tätigkeitsgebiet war. Die betriebsfremden Aufwendungen und Erträge werden in der Abgrenzungsrechnung herausgerechnet, z. B. Mieterträge oder Kursgewinne bzw. -verluste beim Verkauf von Aktien in einem Industriebetrieb.

Kontoform

Die G+V-Rechnung kann in Konto- oder Staffelform erfolgen. Bei der **Kontoform** erfasst das **Gewinn- und Verlustkonto** als Abschlusskonto die Aufwendungen und Erträge einer Buchhaltungsperiode. Die Aufwendungen erscheinen im Soll, die Erträge im Haben.

Aufwendungen sind der Werteverzehr eines Unternehmens an Gütern, Dienstleistungen und Abgaben. Die Kostenrechnung gliedert die Aufwendungen des Unternehmens in betriebsbezogene Aufwendungen (= **Kosten**) und betriebsfremde Aufwendungen (= neutrale Aufwendungen = Nichtkosten).

Erträge sind Wertzuflüsse aus dem Verkauf der eigenen oder fremden Erzeugnisse und der erbrachten Dienstleistungen. Sie werden für die Kostenrechnung in betriebsbezogene Erträge (= **Leistungen**) und betriebsfremde Erträge (= neutrale Erträge) aufgeteilt.

Soll	Gewinn-und Verlustkonto Haben
Aufwendungen	*Erträge*
Aufwendungen für Rohstoffe	Umsatzerlöse
Löhne und Gehälter	Bestandsmehrungen
Soziale Abgaben	Eigenleistungen
Abschreibungen auf Anlagen	Mieterträge
Abschreibungen auf Forderungen	Erträge aus Abgang
Fremdinstandhaltungen	von Vermögens-
Zinsen	gegenständen
Steuern	Provisionserträge
Außerordentliche Aufwendungen	Zinserträge
„Gewinn"	„Verlust"

Gewinn entsteht, wenn die Erträge größer als die Aufwendungen sind. Der Saldo „Gewinn" wird auf der Aufwandsseite ausgewiesen. Bei **Verlust** sind die Aufwendungen größer als die Erträge. Der Reingewinn bzw. -verlust wird auf das Konto „Eigenkapital" übertragen.

Die G+V-Rechnung in Kontoform ist nicht so detailliert wie die Staffelform. Der Gesetzgeber hat für die Veröffentlichung bei Kapitalgesellschaften die **Staffelform** im Handelsgesetz zwingend vorgeschrieben (§ 275 HGB). Nur **Einzelunternehmen** und **Personengesellschaften** können zwischen Kontoform und Staffelform wählen. Für sie gilt aber auch, dass die einmal gewählte Darstellungsform aus Gründen der Bilanzkontinuität beibehalten werden muss.

Staffelform

Die Staffelform ermöglicht den Ausweis von Zwischensummen und **Zwischenergebnissen.** Die Erträge und Aufwendungen werden in einer bestimmten Aufstellung angeordnet und fortschreitend mit aussagefähigen Zwischenergebnissen ausgewiesen. Man kommt so über verschiedene Stufen von der Gesamtleistung zum Jahresüberschuss. Die Zusammensetzung des Erfolges wird so leicht erkennbar, was auch den Vergleich mit früheren Jahren erleichtert.

Von der Gesamtleistung zum Bilanzgewinn/-verlust

Stufe	*Ermittlung von*
1. Stufe	Gesamtleistung
2. Stufe	Betriebsergebnis
3. Stufe	Finanzergebnis
4. Stufe	außerordentliches Ergebnis
5. Stufe	Steuern
6. Stufe	Jahresüberschuss/Jahresfehlbetrag
7. Stufe	Bilanzgewinn/Bilanzverlust

Gesamtkosten- und Umsatzkostenverfahren

Bei der Staffelform kann zwischen dem Gesamtkostenverfahren und dem Umsatzkostenverfahren gewählt werden.

Das **Gesamtkostenverfahren** stellt die *Leistung der Geschäftsperiode* in den Mittelpunkt, gleichgültig, ob die hergestellten oder erbrachten Leistungen auch tatsächlich am Markt abgesetzt worden sind. Die Gesamtleistung eines Industriebetriebes zeigt sich nicht nur in den Umsatzerlösen, sondern auch in etwaigen Bestandsvermehrungen und anderen Eigenleistungen (z. B. selbst erstellte Anlagen).

Das in den angelsächsischen Ländern praktizierte **Umsatzkostenverfahren** geht von den verkauften Produkten oder Leistungen in der Periode aus. Der Umsatz der Geschäftsperiode ist der Ausgangspunkt und ihm werden die Kosten zugerechnet. Die Kosten werden nach den Funktionsbereichen Fertigung, Vertrieb und Verwaltung erfasst.

Wie wird die Gesamtleistung beurteilt?

6. SCHRITT: Gesamtleistung berechnen

ZIEL: Leistung der Geschäftsperiode beurteilen

Beim Gesamtkostenverfahren in Staffelform werden die ersten vier Positionen ausgewiesen und zur Gesamtleistung addiert. Große Kapitalgesellschaften müssen die vier Positionen im Geschäftsbericht angeben, man spricht deshalb auch von einer Bruttorechnung. Die MAG weist 2001 eine Gesamtleistung von 174,8 Mio € aus.

Von den Umsatzerlösen zur Gesamtleistung

Gewinn- und Verlustrechnung
Maschinenbau AG (MAG)
2001

	€
Umsatzerlöse	172 703 645
Erhöhung des Bestands an fertigen und unfertigen Erzeugnissen	462 804
Andere aktivierte Eigenleistungen	689 401
Sonstige betriebliche Erträge	956 093
Gesamtleistung	**174 811 943**

Umsatzerlöse

Die Verkaufserlöse aus den eigenen Erzeugnissen und den Handelswaren sind hier auszuweisen. Die Umsatzerlöse der MAG erreichen im Geschäftsjahr 172,7 Mio €.

Erhöhung oder Verminderung des Bestandes an fertigen und unfertigen Erzeugnissen

Eine Bestandsvermehrung an fertigen und unfertigen Erzeugnissen bedeutet eine Zunahme und damit Erlöse. Bestandsminderungen wirken entgegengesetzt. Bei der MAG waren die Bestände an fertigen und unfertigen Erzeugnissen am 31.12.2001 um 462 804 € höher als ein Jahr zuvor.

Andere aktivierte Eigenleistungen

Selbst erstellte Anlagen und selbst durchgeführte Großreparaturen sind Beispiele für andere aktivierte Leistungen. Die MAG kann hier den Betrag von 689 401 € ausweisen. Es sind Eigenleistungen in Verbindung mit der umfangreichen Investitionstätigkeit erfasst.

Sonstige betriebliche Erträge

Mieteinnahmen von Industrie- und Handelsunternehmen sind hier auszuweisen. Die Position „Sonstige betriebliche Erträge" ist ein Sammelposten und beinhaltet sehr verschiedene Erträge, insbesondere:

- Erträge aus Dienstleistungen
- Erlöse aus Nebentätigkeiten
- Erträge aus Vermietungen und Verpachtungen
- Buchgewinne aus dem Verkauf von Anlagegütern
- Kursgewinne im Außenhandel
- Erträge aus Wertpapierverkäufen
- Gewinne aus dem Verkauf von Beteiligungen
- Erträge aus der Auflösung von Rückstellungen
- Auflösung des Sonderpostens mit Rücklageanteil
- erhaltene Investitionszulagen und andere staatliche Zuschüsse

Die sonstigen betrieblichen Erträge der MAG belaufen sich auf 956 093 €.

Das **Rohergebnis** ergibt sich, wenn die Gesamtleistung, also Umsatzerlöse, Bestandsveränderungen, aktivierte Eigenleistungen und sonstige betriebliche Erträge, mit den Materialaufwendungen saldiert werden. Das Rohergebnis dürfen aber nur kleine und mittelgroße Kapitalgesellschaften ausweisen.

Das Rohergebnis der MAG erhalten Sie, wenn Sie von der Gesamtleistung in Höhe von 174 811 943 € die Positionen „Aufwendungen für Roh-, Hilfs- und Betriebsstoffe und bezogene

Waren" und „Aufwendungen für bezogene Leistungen" abziehen. Dann erhalten Sie 99 733 486 €.

Von der Gesamtleistung zum Rohergebnis

	€
Gesamtleistung	174 811 943
Materialaufwand:	
Aufwendungen für Roh-, Hilfs- und Betriebsstoffe und für bezogene Waren	– 62 945 918
Aufwendungen für bezogene Leistungen	– 12 132 539
Rohergebnis	**99 733 486**

Wie kommt man von der Gesamtleistung zum „Ergebnis der gewöhnlichen Geschäftstätigkeit"?

7. SCHRITT: Ergebnis der gewöhnlichen Geschäftstätigkeit errechnen

ZIEL: Betriebsergebnis / Finanzergebnis

Von der Gesamtleistung müssen Sie verschiedene Aufwandsarten abziehen, wenn Sie das Betriebsergebnis feststellen wollen. Gesamtleistung abzüglich Materialaufwand, Personalaufwand, Abschreibungen und sonstige betriebliche Aufwendungen ergibt das Betriebsergebnis.

Von der Gesamtleistung zum Betriebsergebnis

	€
Gesamtleistung	**174 811 943**
Materialaufwand:	
Aufwendungen für Roh-, Hilfs- und Betriebsstoffe und für bezogene Waren	– 62 945 918
Aufwendungen für bezogene Leistungen	– 12 132 539
Personalaufwand:	
Löhne und Gehälter	– 54 346 890
Soziale Abgaben und Aufwendungen für Altersversorgung und für Unterstützung	– 11 125 092
Abschreibungen auf immaterielle Vermögensgegenstände und Sachanlagen	– 7 286 900
Sonstige betriebliche Aufwendungen	– 19 345 958
Betriebsergebnis	**7 628 646**

Materialaufwand

Die anfallenden Aufwendungen für Roh-, Hilfs- und Betriebsstoffe sowie die Einstandspreise für Handelswaren sind an dieser Stelle auszuweisen. Auch Abschreibungen auf Vorräte und Handelswaren sind hier zu buchen.

Die MAG weist unter „Materialaufwand für Roh-, Hilfs- und Betriebsstoffe sowie fremdbezogene Waren" einen Betrag von 62,9 Mio € aus. Die Aufwendungen für bezogene Leistungen betragen 12,1 Mio €.

Personalaufwand

Der Personalaufwand umfasst Löhne und Gehälter sowie soziale Abgaben und Aufwendungen für Altersversorgung.

Die Position „Löhne und Gehälter" beinhaltet sämtliche Geldbezüge der Arbeiter und Angestellten (= Bruttolöhne und -gehälter) sowie die Bezüge der Unternehmensleitung. Die Sozialversicherungsbeiträge der Arbeitnehmer beinhalten auch Feiertags- und Urlaubslöhne sowie Zulagen und Prämien.

Die Löhne und Gehälter betragen bei der MAG 54,3 Mio €. Die sozialen Abgaben und Aufwendungen für Altersversorgung und Unterstützung erreichen 11,1 Mio €.

Die Aufwendungen für soziale Abgaben beinhalten die gesetzlichen Pflichtabgaben der Arbeitgeber, den Arbeitgeberanteil. Pensionszahlungen, Zuführungen zu den Pensionsrückstellungen sowie Zahlungen an Unterstützungs- und Pensionskassen sind Aufwendungen für Altersversogung und für Unterstützung.

Abschreibungen

Unter dieser Position sind Abschreibungen auf Sachanlagen und die Sofortabschreibung auf geringwertige Wirtschaftsgüter auszuweisen.

Die MAG weist unter „Abschreibungen auf immaterielle Vermögensgegenstände des Anlagevermögens und Sachanlagen" einen Betrag von 7,3 Mio € aus. Die umfangreiche Investitionstätigkeit führte zu hohen Abschreibungen.

Sonstige betriebliche Aufwendungen

Sonstige betriebliche Aufwendungen sind wie die Position „Sonstige betriebliche Erträge" ein Sammelposten. Eine Vielzahl von periodenbezogenen und periodenfremden Aufwendungen sind hier zu berücksichtigen, wodurch die Aussagefähigkeit dieses Gliederungspostens eingeschränkt wird.

Soziale Abgaben aufgrund von Tarifverträgen, Betriebsvereinbarungen oder individueller Arbeitsverträge sind hier auszuweisen. Fahrtkostenzuschüsse, Aus- und Fortbildungskosten sowie Wohngeldzuschüsse sind „Sonstige betriebliche Aufwendungen". Auch die Verwaltungs- und Vertriebskosten einschließlich Vertreterprovisionen sind hier zu erfassen.

Sonstige betriebliche Aufwendungen beinhalten ferner:

- Verkauf von Anlagegütern mit Verlust
- Instandhaltungsaufwendungen
- Reisekosten und Messekosten
- Rechts- und Beratungskosten
- Beiträge und Gebühren
- Garantieaufwendungen
- Ausgangsfrachten und -verpackungen
- Mieten und Pachten
- Währungs- und Kursverluste
- Abschreibungen auf Forderungen und andere Vermögensgegenstände des Umlaufvermögens
- Bildung von Rückstellungen

Die MAG weist unter der Position „sonstige betriebliche Aufwendungen" 19,3 Mio € aus.

Finanzergebnis

Erträge aus Finanzanlagen und Abschreibungen auf Finanzanlagen bilden das Finanzergebnis. Die MAG weist folgende Beträge in den einzelnen Positionen aus.

Das Finanzergebnis und seine Positionen

	€
Erträge aus Beteiligungen	412 945
Erträge aus anderen Wertpapieren und Ausleihungen des Finanzanlagevermögens	210 943
Sonstige Zinsen und ähnliche Erträge	112 319
Zinsen und ähnliche Aufwendungen	– 946 360
Finanzergebnis	**– 210 153**

Erträge aus Beteiligungen

Erträge aus Beteiligungen und aus Gewinnabführungsverträgen mit verbundenen Unternehmen werden an dieser Stelle erfasst. Die MAG weist in dieser Position 412 945 € aus.

Erträge aus anderen Wertpapieren und Ausleihungen

Dividenden aus Aktien des Anlagevermögens und Zinserträge aus Krediten an verbundene Unternehmen erscheinen hier. Es darf sich aber nicht um Beteiligungen handeln. Die MAG hat im Geschäftsjahr 2001 Erträge von 210 943 €.

Sonstige Zinsen und ähnliche Erträge

Geschäftsvorfälle, die nicht in den vorigen Positionen ausgewiesen sind, gehören an diese Stelle, z. B. Zinserträge für Forderungen an Dritte, Zinsen für Beteiligungen und Dividenden aus Aktien des Umlaufvermögens. Die MAG weist unter dieser Position 112 319 € aus.

Abschreibungen auf Finanzanlagen und auf Wertpapiere des Umlaufvermögens

Abschreibungen auf Finanzanlagen sowie Wertpapiere des Umlaufvermögens sind hier zu erfassen. Verluste aus dem Verkauf von Wertpapieren des Umlaufvermögens erscheinen ebenfalls in dieser Position.

Zinsen und ähnliche Aufwendungen

Zinsen für Bankkredite, Hypotheken, Darlehen und Lieferantenkredite sind hier zu buchen, z. B. Kredit-, Überziehungs- und Umsatzprovisionen; Diskontbeträge für Wechsel; Disagio; Aufwendungen aus Verlustübernahmen.

Die Zinsen für Bankkredite sind bei der MAG die größte Position. MAG weist „Zinsen und ähnlich Aufwendungen" in Höhe von 946 360 € aus.

Das **Finanzergebnis** der MAG ist mit 210 153 € negativ, wenn die obigen Positionen insgesamt erfasst werden.

Ergebnis der gewöhnlichen Geschäftstätigkeit

Betriebsergebnis und Finanzergebnis ergeben zusammen das Ergebnis der gewöhnlichen Geschäftstätigkeit. Vom Betriebsergebnis der MAG in Höhe von 7 628 646 € ist das negative Finanzergebnis in Höhe von 210 153 € abzuziehen. Das

Ergebnis der gewöhnlichen Geschäftstätigkeit der MAG beträgt dann 7 418 493 €. Dies ist ein gutes Ergebnis angesichts der hohen Investitionstätigkeit und den damit in Verbindung stehenden gestiegenen Aufwendungen.

Vom Betriebsergebnis zum Ergebnis der gewöhnlichen Geschäftstätigkeit

	€
Betriebsergebnis	**7 628 646**
Erträge aus Beteiligungen	412 945
Erträge aus anderen Wertpapieren und Ausleihungen des Finanzanlagevermögens	210 943
Sonstige Zinsen und ähnliche Erträge	112 319
Zinsen und ähnliche Aufwendungen	– 946 360
Ergebnis der gewöhnlichen Geschäftstätigkeit	**7 418 493**

Warum unterscheidet man Ergebnis vor Steuern, Jahresüberschuss und Bilanzgewinn?

8. SCHRITT: Ergebnis vor Steuern, Jahresüberschuss und Bilanzgewinn errechnen

ZIEL: Ertragslage und Bilanzgewinn

Das Ergebnis vor Steuern setzt sich aus dem Ergebnis der gewöhnlichen Geschäftstätigkeit und dem außerordentlichen Ergebnis zusammen.

Ergebnis vor Steuern

	Ergebnis der gewöhnlichen Geschäftstätigkeit
–	außerordentliches Ergebnis
=	Ergebnis vor Steuern

Das **außerordentliche Ergebnis** errechnet sich aus den außerordentlichen Erträgen und Aufwendungen. Es umfasst Vorgänge, die außerhalb der gewöhnlichen Geschäftstätigkeit anfallen und ungewöhnlich in ihrer Art sind.

Außerordentliche Erträge

Außerordentliche Erträge sind Nebenerlöse und stehen in keinem direkten Zusammenhang mit der Verwertung der betrieblichen Leistungen. Gewinne aus Betriebsveräußerungen oder einmalige staatlich Zuschüsse wären solche Beispiele.

Außerordentliche Aufwendungen

Die außerordentlichen Aufwendungen haben keinen Bezug zur betrieblichen Leistungserstellung. Sie sind nicht regelmäßig wiederkehrend und haben im Rahmen der Geschäftstätigkeit des Unternehmens einen einmaligen Charakter, z. B. Sanierungsmaßnahmen, Verluste beim Verkauf einer wichtigen Beteiligung, außergewöhnliche Schadensfälle, Kosten für einen Sozialplan.

Die MAG hat keine außerordentlichen Aufwendungen und Erträge. Das Ergebnis vor Steuern entspricht deshalb dem Ergebnis der gewöhnlichen Geschäftstätigkeit.

Ermittlung von Jahresüberschuss und Bilanzgewinn

Das Ergebnis vor Steuern, gekürzt um „Steuern vom Einkommen und Ertrag" sowie den „sonstigen Steuern", ergibt den **Jahresüberschuss** bzw. **Jahresfehlbetrag**.

Körperschaftsteuer und Gewerbeertragsteuer sind Steuern vom Einkommen und Ertrag. Die Position „sonstige Steuern" beinhaltet die Steuern vom Vermögen (Vermögens-, Grund-, Gewerbekapital-, Erbschafts- und Schenkungsteuer). Außerdem sind Kraftfahrzeug-, Mineralöl- und Versicherungssteuer sowie Ausfuhrzölle auszuweisen.

Vom Ergebnis der gewöhnlichen Geschäftstätigkeit zum Bilanzgewinn

	€
Ergebnis der gewöhnlichen Geschäftstätigkeit	**7 418 493**
Steuern vom Einkommen und Ertrag	– 2 896 780
Sonstige Steuern	– 394 713
Jahresüberschuss/Jahresfehlbetrag	**4 127 000**
Einstellung in Rücklagen	– 800 000
Bilanzgewinn	**3 327 000**

Bei der AG und der GmbH wird aus dem Jahresüberschuss bzw. -fehlbetrag **der Bilanzgewinn/-verlust** ermittelt. Die Bildung von Gewinnrücklagen oder ihre Aufstockung bedeutet Gewinnverwendung. Andererseits kann durch eine Entnahme aus einer Kapitalrücklage ein Jahresfehlbetrag vermindert oder abgebaut werden.

Was sind die Bezugsgrößen für die Rentabilität?

9. SCHRITT: Rentabilität berechnen

ZIEL: Rentabilität als Erfolgsmaßstab

Wenn Sie feststellen wollen, wie erfolgreich ein Unternehmen arbeitet, dann genügt es nicht nur die Höhe des Bilanzgewinns zu kennen. Wesentlich ist, dass Sie die Rentabilität berechnen, d. h. die Relation von Gewinn zu Kapital bzw. Umsatz. Der Kapitaleinsatz im Unternehmen ist dann auch mit anderen Geldanlageformen vergleichbar. Um die Rentabilität genauer fassen zu können, gibt es mehrere Bezugsgrößen und damit auch mehrere Rentabilitätskennzahlen, inbesondere Eigenkapital-, Gesamt- und Umsatzrentabilität.

Eigenkapitalrentabilität

Die **Rentabilität des Eigenkapitals** ist das Verhältnis von Reingewinn zu Eigenkapital und entspricht der Verzinsung des Eigenkapitals. Man spricht auch von der **Rendite** des Eigenkapitals. Die Eigenkapitalrentabilität informiert den Unternehmer, die Gesellschafter und die Aktionäre über die Verzinsung des im Unternehmen investierten Kapitals.

$$\text{Eigenkapitalrentabilität} = \frac{\text{Bilanzgewinn (-verlust)}}{\text{1 \% Eigenkapital}}$$

Die MAG weist einen Bilanzgewinn von 3 327 000 € aus. Zu berücksichtigen ist, dass bereits 800 000 € den Rücklagen zugeführt wurden. Außerdem führen die hohen Abschreibungen, eine Folge der regen Investitionstätigkeit, zu einem niedrigeren Gewinn. Gerade in den ersten Jahren werden Investitionen stark abgeschrieben und entsprechend der Gewinn reduziert. Dies gilt insbesondere bei degressiver Abschreibung, die in den ersten beiden Jahren vom hohen Buchwert abgeschrieben wird, was stark gewinnreduzierend wirkt. Die Ertragslage der MAG ist damit in Wirklichkeit besser als die Zahlen hier ausweisen.

Der Bilanzgewinn von 3 327 000 € ist in Beziehung zum Eigenkapital zu setzen, das Eigenkapital beträgt 49 978 500 € (vgl. Abschnitt Kapitalaufbringung).

$$\text{Eigenkapitalrentabilität} = \frac{3\,327\,000}{499\,785} = 6{,}7\ \%$$

Gesamtkapitalrentabilität

Die **Rentabilität des Gesamtkapitals** setzt den Reingewinn zuzüglich Zinsaufwand zum Gesamtkapital ins Verhältnis. Der Unternehmenserfolg ist auf den Einsatz von Eigenkapital und Fremdkapital zurückzuführen. Der Reingewinn zuzüglich Zinsaufwand wird deshalb in Relation zum Gesamtkapital gesehen. Die Gesamtkapitalrentabiltät gibt die Verzinsung des im Unternehmen arbeitenden Kapitals an.

$$\text{Gesamtkapitalrentabilität} = \frac{\text{Gewinn} + \text{Kosten für Fremdkapital}}{1\ \%\ \text{Gesamtkapital}}$$

Bei der MAG sind deshalb außer dem Bilanzgewinn von 3 327 000 € noch die Kosten des Fremdkapitals anzusetzen. Als Fremdkapitalzinsen wird der in der G+V-Rechnung in der Position „Zinsen und ähnliche Aufwendungen" ausgewiesene Betrag von 946 360 € verwendet.

$$\text{Gesamtkapitalrentabilität} = \frac{(3\,327\,000 + 946\,360)}{997\,810} = 4{,}3\ \%$$

Die MAG erreicht damit eine Eigenkapitalrentabilität von 6,7 % und eine Gesamtkapitalrentabilität von 4,3 %. Die Eigenkapitalrentabilität ist damit deutlich höher als die Gesamtkapitalrentabilität. Der vom Fremdkapital erwirtschaftete Ertrag ist höher als die Kosten für das Fremdkapital, was der Eigenkapitalrendite zugute kommt.

Leverage-Effekt

Wenn die Gesamtkapitalrentabilität oder interne Rendite des Unternehmens höher als der zu zahlende Zinssatz für das Fremdkapital ist, dann wird durch eine weitere Verschuldung, also Aufnahme von zusätzlichem Fremdkapital, eine Steigerung der Eigenkapitalrentabilität erreicht. Dieser Vorgang wird als **Leverage-Effekt** (*leverage effect* = Hebelwirkung) bezeichnet.

Liegt die Gesamtrentabilität über dem Zinssatz des Fremdkapitals, dann wird durch eine zusätzliche Aufnahme von Fremdkapital die Eigenkapitalrendite erhöht. Der Leverage-Effekt stellt aber keine **Risikoüberlegungen** an. Das Eigenkapital und nicht das Fremdkapital sind die haftenden Mittel eines Unternehmens. Steigt der Anteil des Fremdkapitals, dann erhöht sich das Investitionsrisiko und das Kapitalrisiko für alle Beteiligten.

Der Leverage-Effekt hängt von der Ertragskraft des Unternehmens und der Höhe der Zinsen für Fremdkapital ab. Der Leverage-Effekt kann auch negativ wirken. Dies tritt ein, wenn die Gesamtkapitalrentabilität unter den Fremdkapitalzins fällt. Die Eigenkapitalrentabilität sinkt dann mit der Zunahme des Fremdkapitals am Investitionsprojekt.

Umsatzrentabilität

Eine weitere wichtige Kennzahl ist die **Umsatzrentabilität**, das Verhältnis von Gewinn und Geschäftsvolumen. Sie informiert, in welcher Relation der Gewinn zum Geschäftsvolumen steht. Hohe Umsatzrentabilität heißt, dass das Unternehmen im Hinblick auf die Größe seines Geschäftsvolumens einen hohen Gewinn erwirtschaftet.

Wenn Sie die Umsatzrentabilität berechnen wollen, dann müssen Sie den Bilanzgewinn bzw. -verlust in Beziehung zum Jahresumsatz setzen.

$$\text{Umsatzrentabilität} = \frac{\text{Bilanzgewinn (-verlust)}}{1\ \%\ \text{Umsatz}}$$

Die G+V-Rechnung der MAG weist einen Jahresumsatz von 172 703 645 € und einen Bilanzgewinn von 3 327 000 € aus.

$$\text{Umsatzrentabilität} = \frac{3\,327\,000}{1\,727\,036{,}45} = 1{,}93\ \%$$

Die berechnete Umsatzrentabilität ist zunächst statisch. Eine Dynamisierung wird erreicht, wenn Sie den Wert mit einem oder mehreren Vorjahren vergleichen.

Der innerbetriebliche Vergleich sollte durch den zwischenbetrieblichen Vergleich, insbesondere mit derselben Branche, ergänzt werden. Kennzahlen aus zwischenbetrieblichen Vergleichen, vor allem Branchendurchschnitte oder typische Werte der Branche (häufigste Werte), zeigen wie „gut" das jeweilige Unternehmen ist.

Wieso informiert der Cashflow umfassender?

10. SCHRITT: Cashflow errechnen

ZIEL: Cashflow in der Bilanzanlyse anwenden können

Der **Cashflow**, der aus den USA stammt, ist eine Kennzahl zur Beurteilung der Finanz- und Ertragskraft eines Unternehmens. Der Cashflow zeigt den umsatzbedingten Liquiditätszufluss an, den Überschuss der umsatzbedingten Einnahmen über die umsatzbedingten Ausgaben.

Ein Unternehmen kann mit dem Cashflow Ersatz- und Erweiterungsinvestitionen finanzieren, ohne Eigen- oder Fremdkapital aufzunehmen. Mit steigendem Cashflow nimmt somit das Finanz- und Ertragspozential eines Unternehmens zu.

Wenn Sie vom Cashflow (= Brutto-Cashflow) die Steuern und die Gewinnausschüttungen abziehen, dann erhalten Sie den Netto-Cashflow.

Der Cashflow zeigt, in welcher Höhe einem Unternehmen aus der Umsatztätigkeit **flüssige Mittel** zur Verfügung stehen, die für verschiedene Zwecke verwendet werden können:

- liquide Mittel aufstocken
- Schulden tilgen
- Investitionen finanzieren
- Gewinne ausschütten

Der Cashflow umfasst den ausgewiesenen Reingewinn, die Zuweisungen zu den Rücklagen, die **Abschreibungen** auf Sachwerte und Beteiligungen sowie die Bildung von langfristigen Rückstellungen. Keine Einigkeit besteht, ob der Cashflow außerordentliche Aufwendungen und Erträge beinhalten soll.

Cashflow-Berechnung

	Bilanzgewinn (bzw. Bilanzverlust)
+	Abschreibungen
+	Zunahme der langfristigen Rückstellungen (Abnahme –)
+	außerordentliche periodenfremde Aufwendungen
–	außerordentliche periodenfremde Erträge
+	Zuführungen zu den Rücklagen (Auflösung von Rücklagen –)
=	**Cashflow**

Der Cashflow enthält damit auch die jährlichen Abschreibungen, was bedeutet, dass die Auswirkungen einer unterschiedlich starken Investitionstätigkeit über die Abschreibungen erfasst wird. Der Cashflow liefert insofern genauere Informationen als der Bilanzgewinn.

Die Aussagefähigkeit des Cashflow zeigt sich besonders gut beim innerbetrieblichen Vergleich. Sie sollten deshalb die Daten mehrerer aufeinanderfolgender Geschäftsjahre in die Analyse einbeziehen.

Cashflow-Berechnung der MAG

		€
	Bilanzgewinn	3 327 000
+	Abschreibungen Anlagevermögen	7 286 900
+	Abschreibungen Umlaufvermögen	–
+	außerordentliche Aufwendungen	–
+	Zunahme der langfristigen Rückstellungen	450 000
+	Zuführungen zu den Rücklagen	800 000
=	**Cashflow**	**11 863 900**

Einem Bilanzgewinn von 3 327 000 € steht ein Cashflow von 11 863 900 € gegenüber. Letzterer erfasst eben in vollem Umfang die Abschreibungen auf das Anlagevermögen in Höhe von 7 286 900 €. So wird die hohe Investitionstätigkeit mit ihren gewinnreduzierenden Auswirkungen erfasst.

■ *Der Cashflow zeigt eine Erhöhung der Finanz- und Ertragskraft deutlicher als der Jahresüberschuss oder der Bilanzgewinn.* ■

Cashflow-Eigenkapitalrendite

Das Verhältnis von **Cashflow** zu **Eigenkapital** oder **Gesamtkapital** zeigt, wie viel Prozent des Eigen- oder Gesamtkapitals in einer bestimmten Geschäftsperiode als Finanzierungsmittel zugeflossen sind.

$$\text{Cashflow-Eigenkapitalrendite} = \frac{\text{Cashflow}}{1\ \%\ \text{Eigenkapital}}$$

$$\text{Cashflow-Eigenkapitalrendite} = \frac{11\,863\,900}{499\,785} = 23{,}7\ \%$$

Die Cashflow-Eigenkapitalrendite der MAG von 23,7 % zeigt in vollem Umfang die Ertragsstärke des Unternehmens.

Diese Kennzahl berücksichtigt eben in vollem Umfang die starke Investitionstätigkeit, die zu hohen Abschreibungen führte. Die Cashflow-Eigenkapitalrendite ist wesentlich aussagefähiger als die Eigenkapitalrentabilität.

■ *Der Cashflow sollte insbesondere angewendet werden, wenn bei mittleren Unternehmen Jahre mit starken Schwankungen in der Investitionstätigkeit miteinander verglichen werden. Die Beurteilung der Ertragslage einzelner Jahre erfolgt durch den Cashflow objektiver als durch den Gewinn. Der Cashflow beinhaltet eben auch die Abschreibungen.* ■

Die Cashflow-Gesamtkapitalrendite der MAG lässt sich entsprechend ermitteln. Es sind im Zähler des Bruches noch die

Fremdkapitalzinsen zu erfassen, im Nenner steht das Gesamtkapital.

$$\text{Cashflow-Gesamtkapitalrendite} = \frac{11\,863\,900 + 946\,360}{997\,810} = 12{,}8\ \%$$

Die Cashflow-Gesamtkapitalrendite ist bei der MAG deutlich niedriger als die des Eigenkapitals. Dieser Tatbestand war bereits bei der Kapitalrentabilität festzustellen.

Cashflow-Umsatzrendite

Die Kennzahl **Cashflow** zu **Umsatzerlösen** ist eine weitere Messzahl für die Beurteilung der Ertrags- und Selbstfinanzierungskraft eines Unternehmens.

$$\text{Cashflow-Umsatzrendite} = \frac{\text{Cashflow}}{1\ \%\ \text{Umsatzerlöse}}$$

Die Kennziffer zeigt, wie viel Prozent der Umsatzerlöse für Investitionen, Kredittilgung und Gewinnausschüttung zur Verfügung stehen.

$$\text{Cashflow-Umsatzrendite} = \frac{11\,863\,900}{1\,727\,036{,}45} = 6{,}9\ \%$$

Die selbst erwirtschafteten Finanzierungsmittel betragen 2001 6,9 % des Umsatzes, was 6,9 € auf 100 € entspricht.

Absoluter Cashflow und Cashflow-Kennzahlen

Die Aussagekraft der absoluten Höhe des **Cashflow** ist beim Unternehmensvergleich begrenzter als beim innerbetrieblichen Vergleich. Jedes Unternehmen hat seine eigene Bilanzpolitik und bildet in unterschiedlichem Umfang „stille Reserven". Die Bildung stiller Reserven wird vom Cashflow nicht erkannt, z. B. Anschaffung geringwertiger Wirtschaftsgüter und ihre Verrechnung als Aufwand.

Kennzahlen, die auf dem Cashflow aufbauen, eignen sich für den Vergleich mit anderen Unternehmen daher besser als der absolute Cashflow.

Die verfolgte Bewertungspolitik eines Unternehmens und ihre Auswirkungen auf das Umlaufvermögen sind nicht bekannt und können von Außenstehenden auch im Cashflow nicht sichtbar gemacht werden.

Kapitalflussrechnung

Die anglo-amerikanischen Rechnungslegungen (IAS, US-GAAP) verlangen im Jahresabschluss die Aufstellung einer Kapitalflussrechnung. Sie zeigt den Cashflow aus der laufenden Geschäftstätigkeit sowie die Cashflows aus der Investitionstätigkeit und den Finanztransaktionen auf. Der Kapitalanleger kann so zukünftige Cashflows und ihre Auswirkungen auf die Investitionsentscheidungen besser abschätzen.

Bewertung in der Bilanz

Weshalb gibt es Buchführungs- und Bilanzierungsgrundsätze?

Der Kaufmann muss eine Buchführung betreiben und einen Jahresabschluss erstellen. Er muss seine Bücher so führen, dass ein sachverständiger Dritter in einer angemessenen Zeit sich einen Überblick über die Handelsgeschäfte und die Lage des Vermögens verschaffen kann (§ 238 HGB).

Die **Grundsätze der Ordnungsmäßigkeit der Buchführung (GoB)** sind allgemein anerkannte Regeln und Gepflogenheiten der Kaufleute bei der Führung ihrer Handelsbücher und der Erstellung des Jahresabschlusses. Die GoB entwickelten sich aus der Buchführungs- und Bilanzierungspraxis, handels- und steuerrechtlichen Vorschriften, der Fachliteratur sowie der Rechtsprechung.

Die GoB treten in drei Formen in Erscheinung:

- Grundsätze ordnungsmäßiger **Buchführung** (= Buchführung im engeren Sinne)
- Grundsätze ordnungsmäßiger **Inventur**
- Grundsätze ordnungsmäßiger **Bilanzierung**

Die GoB im engeren Sinne befassen sich mit der Buchführung und der Dokumentation der Geschäftsvorfälle. Die Führung der Bücher, der Belege und ihre Aufbewahrung sind Gegenstand der GoB.

Die **Grundsätze ordnungsmäßiger Speicherbuchführung (GoS)** wurden im Hinblick auf die Überprüfbarkeit von EDV-Buchführungssystemen entwickelt. Die GoS sollen sicherstellen, dass auch beim Computereinsatz die Grundsätze ordnungsmäßiger Buchführung eingehalten werden.

Der Grundsatz „Keine Buchung ohne Beleg" ist auch beim EDV-Einsatz zu berücksichtigen. Das Belegprinzip, die Datensicherung, die Dokumentation, die Aufbewahrungsfristen und die Wiedergabe von Datenträgern sind in den GoS geregelt.

Die Aufzeichnungen auf Datenträgern müssen während der Dauer der Aufbewahrungsfrist verfügbar und jederzeit lesbar gemacht werden können. Für Inventar, Bilanzen, Gewinn- und Verlustrechnungen, Buchungsbelege, Dateienbestände sowie Arbeitsanweisungen und Organisationsunterlagen gilt eine Aufbewahrungspflicht von 10 Jahren. Handels- und Geschäftsbriefe sind 6 Jahre aufzubewahren.

Die gespeicherten Daten müssen auf dem Bildschirm angezeigt bzw. ausgedruckt werden können. Der Betriebsprüfer des Finanzamts kann Ausdrucke verlangen.

Grundsätze ordnungsmäßiger Bilanzierung

Der Jahresabschluss ist nach § 243 HGB nach den Grundsätzen ordnungsmäßiger Buchführung (GoB) aufzustellen. Diese Vorschrift gilt für den Abschluss jedes Unternehmens, unabhängig von der Rechtsform. Die GoB werden in der speziellen Anwendung auf die Bilanz auch als **„Grundsätze ordnungsmäßiger Bilanzierung"** oder als **„Bilanzierungsgrundsätze"** bezeichnet.

Einzelne Grundsätze der Bilanzierung

Der Grundsatz der **Vollständigkeit** verlangt, dass im Jahresabschluss alle Vermögensgegenstände, Schulden, Rechnungsabgrenzungsposten, Aufwendungen und Erträge erfasst werden.

Positionen der Aktivseite dürfen nach dem **Saldierungsverbot** nicht mit Positionen der Passivseite verrechnet werden, auch nicht Aufwands- mit Ertragspositionen.

Die **Bilanzklarheit** will einen klaren und übersichtlichen Jahresabschluss. Das einmal gewählte Gliederungsschema für die Bilanz und die Gewinn- und Verlustrechnung ist beizubehalten.

Der Grundsatz der **Bilanzwahrheit** erfordert einen vollständigen und richtigen Jahresabschluss.

Der Grundsatz der **Bilanzkontinuität** legt Wert auf die Beibehaltung der äußeren Form der Bilanz und der Gewinn- und Verlustrechnung. Diese Forderung gilt insbesondere für Kapitalgesellschaften (§ 265 Abs.1 HGB).

■ *Bilanzverschleierung und Bilanzfälschung sind Bilanzdelikte. Eine Bilanzverschleierung entsteht durch unklare Angaben, wodurch der Bilanzleser falsche Schlüsse zieht, z. B. Saldierung von Forderungen und Verbindlichkeiten.* ■

Bei einer Bilanzfälschung werden vorsätzlich unwahre Angaben gemacht. Tatbestände werden im Hinblick auf eine beabsichtigte Vermögens- und Ertragslage bewusst gefälscht, z. B. Bilanzpositionen falsch bewertet, Verbindlichkeiten bewusst weggelassen.

Wie wird in der Handelsbilanz bewertet?

Die **Bewertung** ist ein Schlüsselbegriff der Bilanzierung und bedeutet, Vermögensgegenständen Geldwerte zuzuordnen. Die einzelnen Posten des Vermögens und des Kapitals sind in der Handelsbilanz in Geldwerten auszudrücken und zu bilanzieren. Die Bewertung hat Rückwirkungen auf die Höhe des Gewinns. Bewertungen sind auch in der Steuerbilanz und in der Kostenrechnung vorzunehmen.

Die Bewertungsgrundsätze des Handelsrechts und des Steuerrechts informieren den Bilanzierenden über die anzuwendenden Wertansätze für Vermögensgegenstände und Schulden. Die Bewertungsgrundsätze der §§ 252 bis 256 HGB gelten für alle Kaufleute. Kapitalgescllschaften müssen noch zusätzliche Vorschriften beachten.

Anschaffungswert und Tageswert

Ein Wirtschaftsgut kann grundsätzlich nach seinem „Wert" bei der „Anschaffung", seinem Anschaffungswert, bewertet werden. Das **Anschaffungswertprinzip** orientiert sich nach einem Wert in der Vergangenheit. Eine etwaige Wertminderung durch Abnützung oder Zeitablauf wird durch Abschreibungen berücksichtigt. Das Anschaffungswertprinzip folgt dem Grundsatz der nominalen Geldkapitalerhaltung. Die Anschaffungs- oder Herstellungkosten sind für die bilanzielle Abschreibung in der Handelsbilanz und in der Steuerbilanz die Bezugsbasis und die Obergrenze.

Wirtschaftsgüter können zum gegenwärtigen Markt- oder Wiederbeschaffungswert bewertet werden, also dem Wert am Bilanzstichtag. Das **Tageswertprinzip** ist an der substanziellen Erhaltung des Kapitals interessiert, die Geldentwertung ist zu berücksichtigen. Gewinn liegt erst vor, wenn die gestiegenen Wiederbeschaffungspreise berücksichtigt sind. Die Kostenrechnung und Kalkulation, die an genauen und aktuellen Selbstkosten interessiert sind, wollen Substanzerhaltung und sind damit an Wiederbeschaffungspreisen interessiert.

Gläubigerschutz- und Teilhaberschutzprinzip

Der Jahresabschluss soll dem Gläubiger des Unternehmens einen Einblick in die Vermögens-, Finanz- und Ertragslage ermöglichen. Eine niedrige Bewertung des Vermögens dient dem **Gläubigerschutz**, da die Vermögenssubstanz nicht besser dargestellt wird, als sie tatsächlich ist. Eine möglichst hohe Bewertung von Verbindlichkeiten und Rückstellungen erreicht, dass das Haftungspotenzial der Gesellschaft nicht günstiger erscheint, als es in Wirklichkeit ist. Eine Höherbewertung der Schulden und eine Abwertung von Vermögensgegenständen führt zu einem niedrigeren Jahresgewinn und damit auch zu einem geringeren Eigenkapital.

Die Gläubigerschutzvorschriften berücksichtigen in gewisser Hinsicht auch die **Teilhaberschutzinteressen.** Aktionäre werden durch den Jahresabschluss über die wirtschaftliche Lage ihrer Gesellschaft informiert.

Die Teilhaber sind aber auch an einer ordentlichen Rendite ihrer Kapitaleinlage interessiert. Sie wollen deshalb keine willkürliche Unterbewertung der Vermögenspositionen bzw. eine willkürliche Überbewertung der Verbindlichkeiten und der Risiken sehen, da dies zu einem unangemessen niedrigen Gewinnausweis führt. Durch eine Einschränkung des Bewertungsspielraumes wird den Teilhaberschutzinteressen entsprochen.

Das Prinzip der kaufmännischen Vorsicht hat in der Handelsbilanz einen höheren Stellenwert als die Richtigkeit des Wertansatzes. Der Grundsatz der Vorsicht findet seine Berücksichtigung durch das Imparitätsprinzip, das Niederstwertprinzip für Aktiva und das Höchstwertprinzip für Passiva. Eine vorsichtige Bewertung liegt im Interesse der Gläubiger. Der Schutz der Gläubiger kommt im HGB vor dem Teilhaberschutz.

Bewertungsgrundsätze für Vermögen und Schulden

§ 253 HGB nennt für das Vermögen und die Schulden besondere Bewertungsgrundsätze:

- Vermögensgegenstände des **Anlagevermögens** zum Anschaffungswert oder den Herstellungskosten.
- Vermögensgegegenstände des **Umlaufvermögens** zum Anschaffungswert oder den Herstellungskosten und dem Börsen- oder Marktpreis.
- **Verbindlichkeiten** sind zu ihrem Rückzahlungsbetrag anzusetzen. Auch drohende Verluste und ungewisse Verbindlichkeiten (Rückstellungen) sind auszuweisen.

Imparitätsprizip behandelt Gewinne und Verluste unterschiedlich

Gewinne dürfen in der Handelsbilanz erst ausgewiesen werden, wenn sie bereits realisiert sind. So darf der Wertanstieg einer Aktie am Bilanzstichtag erst gezeigt werden, wenn die Aktie bereits verkauft ist.

Verluste dürfen bzw. müssen ausgewiesen werden, wenn sie am Bilanzstichtag auch noch nicht eingetreten sind. Notieren Aktien am Bilanzstichtag niedriger als am Anschaffungstag, dann können bzw. müssen sie zum niedrigeren Kurs des Bilanzstichtages bilanziert werden.

Niederstwertprinzip für Aktiva

Liegen mehrere mögliche Wertansätze am Bilanzstichtag vor, dann ist der niedrigste anzusetzen. Das **strenge Niederstwertprinzip** wird in der Handelsbilanz und in der Steuerbilanz beim **Umlaufvermögen** angewendet. Stehen die Wertansätze Anschaffungskosten und Tageswert am Bilanzstichtag zur Auswahl, dann ist stets der niedrigere von beiden zu nehmen. Es besteht kein Wahlrecht.

Beispiel

Eine Gesellschaft hat zur vorübergehenden Geldanlage Aktien zum Kurs von 320 € für insgesamt 640 000 € gekauft. Anschaffungskosten in Höhe von 3 000 € sind angefallen.
Der Tageswert der Wertpapiere beträgt am Bilanzstichtag 800 000 €.
Der Wertpapierbestand ist am Bilanzstichtag zu den Anschaffungskosten (640 000 €) zuzüglich den Anschaffungsnebenkosten (3 000 €) zu bilanzieren.

Die Anschaffungskosten zuzüglich Anschaffungsnebenkosten dürfen somit nie überschritten werden, wodurch der Ausweis von Buchgewinnen vermieden wird.

Das **gemilderte Niederstwertprinzip** gilt beim **Anlagevermögen.** Es lässt ein **Wahlrecht** zu, wenn die Wertminderung nur vorübergehend ist.

Beispiel
Eine AG A hat bei einer anderen AG eine Beteiligung für 17 Mio € erworben. Würde der Börsenkurswert am Bilanzstichtag auf 15 Mio € sinken, dann hätte die AG ein Bewertungswahlrecht.
Die AG A könnte die Aktien zum Anschaffungswert von 17 Mio € oder zum Tageswert von 15 Mio € bilanzieren.

Höchstwertprinzip für Passiva

Schulden sind nach § 253 Abs.1 HGB zu dem jeweiligen Höchstwert zu bilanzieren. Bei der Bilanzierung von Verbindlichkeiten und Rückstellungen ist der jeweils höhere Wert anzusetzen.

Beispiel
Eine Schuld über 1 Mio US-$ ist am Bilanzstichtag zu passivieren. Bei der Aufnahme der Schuld notierte der Euro 1,0 $, am Bilanzstichtag 0,91 $.
Die Schuld muss am Bilanzstichtag zum höheren Dollarkurs, dem Tageskurs von 0,91 $, bilanziert werden. Dies entspricht einem Wert von 1 098 901 Euro (0,91 $ – 1 Euro, folglich 1 000 000 $ – 1 098 901 Euro). Eine Bewertung zum Anschaffungskurs von 1 Euro – 1,0 $ hätte lediglich einen Wert von 1 000 000 Euro ergeben.

■ *Für Kapitalgesellschaften gibt es im § 264 HGB eine Generalnorm zur Bilanzierung. Der Jahresabschluss der Kapitalgesellschaft soll die wirtschaftlichen Verhältnisse des Unternehmens richtig darstellen. Er soll die Vermögenslage, die Finanzlage und die Ertragslage richtig wiedergeben. Die Bildung stiller Reserven wird dadurch eingeschränkt.*
Dieser Grundsatz wurde ins HGB aus der 4. EG-Richtlinie übernommen. Er stammt aus der angloamerikanischen Bilanzierungspraxis und fand so in der deutschen Rechnungslegung Eingang. Der außenstehende Bilanzleser gewinnt dadurch einen klareren Einblick in die wirtschaftliche Lage eines Unternehmens. ■

Welche Bewertungsgrundsätze gelten in der Steuerbilanz?

Das Steuerrecht will eine einheitliche Bemessungsgrundlage für die Besteuerung der Erträge, da Steuergerechtigkeit angestrebt wird. Deshalb verhindert das Steuerrecht, dass die Gewinne in der Bilanz zu niedrig ausgewiesen werden. Dies geschieht durch möglichst klare Vorgaben, was eine Einengung der Entscheidungsspielräume des Bilanzierenden bedeutet.

Maßgeblichkeit der Handelsbilanz

Das **Maßgeblichkeitsprinzip** der Handelsbilanz für die Steuerbilanz bedeutet, dass die handelsrechtlichen Bewertungsvorschriften Ausgangspunkt für die Steuerbilanz sind. Die steuerlichen Bewertungsvorschriften sind also vom Handelsrecht abgeleitet, erfahren aber teilweise eine andere „Feinabstimmung".

Anschaffungskosten

Die **Anschaffungskosten** bestehen nach § 253 HGB und § 6 EStG (Einkommensteuergesetz) aus dem Anschaffungspreis (abzüglich Nachlässe) zuzüglich den Anschaffungsnebenkosten wie Maklergebühren und Transportkosten. Die Wirtschaftsgüter werden mit ihren tatsächlichen Anschaffungskosten bewertet und bilanziert.

Aufwendungen zur Herbeiführung eines betriebsbereiten Zustandes von Wirtschaftsgütern sind nach Handelsrecht (§ 255 HGB) und nach Steuerrecht (§ 32 EStR) Anschaffungskosten und sind damit zu aktivieren, also auf der Aktivseite der Bilanz auszuweisen. Auch die Aufwendungen für Montage und Anschluss von Maschinen und maschinellen Anlagen fallen darunter.

Immaterielle Vermögensgegenstände des Anlagevermögens können nach Handelsrecht (§ 248 HGB) und Steuerrecht (§ 5 EStG) nur aktiviert werden, wenn sie entgeltlich erworben wurden. Selbst hergestellte immaterielle Vermögensgegenstände des Anlagevermögens dürfen nicht aktiviert werden: Handelsrecht § 248 Abs. 2 HGB und Steuerrecht § 5 Abs. 2 EStG.

Herstellungskosten

Ein Erwerbsvorgang liegt bei der Anschaffung eines Wirtschaftsgutes zugrunde. Von **Herstellung** spricht man, wenn der Betreffende das Wirtschaftsgut auf eigene Rechnung und Gefahr fertigt. Die Unterscheidung hat Folgen für die Bewertung der einzelnen Wirtschaftgüter.

Herstellungskosten ist ein Begriff des Handelsrechts und stimmt folglich nicht mit dem in der Kostenrechnung nach betriebswirtschaftlichen Überlegungen ermittelten Herstellkosten überein. Zu den Herstellungskosten gehören Materialkosten, Fertigungskosten und Sondereinzelkosten der Fertigung. Angemessene Teile der Material- und der Fertigungsgemeinkosten dürfen hinzugerechnet werden. Anteilige Kosten der allgemeinen Verwaltung können berücksichtigt werden. Hier besteht ein Bilanzierungswahlrecht. Vertriebskosten dürfen dagegen in der Handelsbilanz und in der Steuerbilanz nicht eingerechnet werden.

■ *Die Begriffe Herstellkosten und Herstellungskosten sind klar zu trennen. Kalkulation und Betriebswirtschaftslehre verwenden den Begriff „Herstellkosten". Wenn zu den Herstellkosten die Verwaltungs- und Vertriebskosten dazugeschlagen werden, dann entstehen die Selbstkosten. Selbstkosten plus Gewinn ergeben den Verkaufspreis. Handelsrecht und Steuerrecht kennen den Begriff „Herstellungskosten". Er spielt auch bei Bewertungswahlrechten eine Rolle. Herstellungskosten enthalten beispielsweise nie Vertriebskosten.* ■

Weniger Bewertungsspielraum in der Steuerbilanz

Die steuerlichen Bewertungsvorschriften erlauben dem Bilanzierenden weniger Entscheidungsspielräume als das Handelsrecht. Mindestwertansätze bei Aktiva und Höchstwertansätze bei Passiva sollen verhindern, dass Gewinne in nachfolgende Geschäftsjahre verlagert werden.

Der **Teilwert** ist ein wichtiger Bewertungsmaßstab im Steuerrecht. Der Teilwert ist nach dem Steuerrecht in § 6 EStG „der

Betrag, den ein Erwerber des ganzen Betriebes im Rahmen des Gesamtkaufpreises für das einzelne Wirtschaftsgut ansetzen würde; dabei ist davon auszugehen, dass der Erwerber den Betrieb fortführt". Der Teilwert ist also der Preis eines Wirtschaftsgutes, den ein Erwerber im Rahmen des gesamten Unternehmens zahlen würde.

Die organisatorische Einbindung eines Wirtschaftsgutes in ein System erhöht normalerweise seinen Wert. Das einzelne Wirtschaftsgut hat deshalb bei einer Einbindung in ein Unternehmen einen höheren Wert als losgelöst - isoliert als Einzelgut – betrachtet.

Das Heruntergehen auf den niedrigeren Teilwert ist deshalb in der Praxis nur eingeschränkt möglich, z. B. wenn das Unternehmen mit Verlusten arbeitet.

■ *Wirtschaftsgüter des Anlagevermögens sind zu den Anschaffungs- oder Herstellungkosten zu bewerten. Der Verschleiß der abnutzbaren Wirtschaftsgüter des Anlagevermögens wird durch Abschreibungen erfasst. Es entstehen dann die fortgeführten Anschaffungswerte oder Herstellungskosten.*
Liegt nun der Teilwert niedriger, dann können Teilwertabschreibungen vorgenommen werden, was zu Gewinnminderungen und weniger Steuern führt. ■

Finanzverwaltung und Rechtsprechung liefern Anhaltspunkte zur praktischen Handhabung des Begriffes „Teilwert":

- Zum Zeitpunkt der Anschaffung oder Herstellung wird vermutet, dass der Teilwert den gemachten Anschaffungs- oder Herstellungskosten entspricht. Dies gilt für nicht abnutzbare und abnutzbare Anlagegüter ebenso wie für Waren des Umlaufvermögens.

Ausnahme: Es liegt eine Fehlinvestition vor.

- Die Bodendecke der neuen Werkshalle ist für die Installation der geplanten Werkzeugmaschinen zu schwach.
- Ein anderes Beispiel wäre, dass die gekauften Maschinen durch Konkurrenzprodukte technisch überholt sind. Eine Abschreibung auf den nierdrigeren Teilwert ist möglich.

Bei diesen beiden Fällen einer Fehlinvestition kann der Bilanzierende auf den niedrigeren Teilwert bei der Bilanzierung heruntergehen.

- Zu einem späteren Zeitpunkt wird bei abnutzbaren Gegenständen des Anlagevermögens vermutet, dass der Teilwert dem Buchwert entspricht.

Eine Abschreibung auf den niedrigeren Teilwert ist möglich, wenn der Buchwert über dem Marktwert, dem Wiederbeschaffungswert, liegt. Die Wiederbeschaffungskosten sind die obere Grenze des Teilwertes eines Wirtschaftsgutes. Eine Abschreibung auf den niedrigeren Teilwert ist möglich. Der Einzelveräußerungspreis eines Wirtschaftsgutes ist die Untergrenze für die Abschreibung auf den Teilwert.

Eine Teilwertabschreibung kommt auch bei Gütern des Umlaufvermögens in Betracht, z. B. den Warenbeständen. Der Teilwert von Warenbeständen liegt unter den Anschaffungs- oder Herstellungskosten, wenn die Wiederbeschaffungskosten der Waren stark gefallen sind oder die Waren nur zu stark herabgesetzten Preisen verkauft werden können.

Welche Bilanzierungs- und Bewertungswahlrechte kennen Handels- und Steuerbilanz?

Bewertungswahlrecht und Bilanzpolitik

Das Handelsrecht gewährt in gewissen Situationen das **Wahlrecht**, ob eine getätigte Ausgabe als Aufwand in der Gewinn- und Verlustrechnung erfasst oder als Vermögensposten bilanziert wird. Die gezielte Ausnutzung der Bilanzierungs- und Bewertungsrechte in eine bestimmte Richtung führt zu einem geringeren oder höheren Gewinnausweis, z. B. Möglichkeit der Sofortabschreibung von geringwertigen Wirtschaftsgütern.

Bilanzpolitik bedeutet gezielte Beeinflussung des Jahresabschlusses, um den Vermögens- und Gewinnausweis besser oder schlechter darzustellen. Dies kann bezweckt sein, um über einen möglichst niedrigen Gewinn die Steuerbelastung niedrig zu halten. Andererseits kann ein möglichst hoher Gewinnausweis angestrebt werden und die höhere Steuerbelastung wird in Kauf genommen, etwa um die Kreditgeber zur Gewährung weiterer Kredite zu veranlassen.

Bewertungswahlrechte im Handelsrecht

Anschaffungswert und Herstellungskosten

Anschaffungspreis zuzüglich Anschaffungsnebenkosten (Frachten, Provisionen, Montagekosten) vermindert um Anschaffungspreisminderungen (Rabatte, Skonti) ergeben die Anschaffungskosten.

Unfertige und fertige Erzeugnisse des Unternehmens sowie selbst erstellte Anlagen sind mit den **Herstellungskosten** zu bewerten.

Für bestimmte Aufwendungen hat der Bilanzierende eine **Aktivierungspflicht**, für andere ein **Aktivierungswahlrecht** und für wieder andere **ein Aktivierungsverbot** (§ 255 HGB). Der Bilanzierende hat nur bei den Aktivierungswahlrechten einen Entscheidungsspielraum, den er in seinem Interesse nutzen kann.

Herstellungskosten in der Handelsbilanz

Aktivierungspflicht	Materialkosten (= Fertigungsmaterial) Fertigungskosten (= Fertigungslöhne) Sondereinzelkosten der Fertigung
Aktivierungswahlrecht	Materialgemeinkosten Fertigungsgemeinkosten Verwaltungsgemeinkosten
Aktivierungsverbot	Vertriebsgemeinkosten Sondereinzelkosten des Vertriebs

Der Bilanzierende hat nach Handelsrecht ein Aktivierungswahlrecht bei den Material-, den Fertigungs- und den Verwaltungsgemeinkosten.

Aktivierungswahlrecht besteht bei

Material-gemeinkosten	Kosten von Roh-, Hilfs- u. Betriebsstoffen Einkauf Rechnungsprüfung
Fertigungs-gemeinkosten	Abschreibungen auf Anlagegüter Kosten der Arbeitsvorbereitung Kosten des Lohnbüros
Verwaltungs-gemeinkosten	Direktion Buchhaltung, Kalkulation Finanzwesen Rechtsabteilung, Steuerabteilung
Sondereinzel-kosten des Betriebs	Kosten für betriebliche Altersversorgung Kosten für Betriebsrat, Werkschutz Ausbildungswesen Kosten für freiwillige soziale Leistungen
zusätzlich	Zinsen für fertigungsbedingtes Fremdkapital

Abschreibungen nach Handelsrecht

Nach Abzug der planmäßigen bzw. außerplanmäßigen Abschreibungen erhält man die **fortgeführten Anschaffungskosten**. Als Abschreibungsmethoden sind im Handelsrecht zugelassen:

- lineare Abschreibung
- degressive Abschreibungen
- arithmetisch-degressive (digitale) Abschreibung

Bewertungswahlrechte im Steuerrecht

Anschaffungswert und Herstellungskosten

Die **Anschaffungskosten** eines Wirtschaftsgutes im Handelsrecht (§ 255 HGB) stimmen mit dem steuerrechtlichen Begriff nach § 6 EStG überein. Die Vorsteuer wird im Steuerrecht aktiviert, wenn sie nicht abziehbar ist.

Unfertige und fertige Erzeugnisse sowie selbst erstellte Anlagen sind im Steuerrecht wie im Handelsrecht zu den **Herstellungskosten** zu bewerten. Der Bewertungsspielraum ist im Steuerrecht enger als im Handelsrecht.

Herstellungskosten nach Steuerrecht

Fertigungsmaterial	Aktivierungspflicht
+ Materialgemeinkosten	Aktivierungspflicht
= Materialkosten	
+ Fertigungslöhne	Aktivierungspflicht
+ Fertigungsgemeinkosten	Aktivierungspflicht
+ Sondereinzelkosten der Fertigung	Aktivierungspflicht
= Herstellkosten	
+ Verwaltungsgemeinkosten	**Aktivierungswahlrecht**
+ Vertriebsgemeinkosten	Aktivierungsverbot
+ Sondereinzelkosten des Vertriebs	Aktivierungsverbot
= Selbstkosten	

Ein Bewertungswahlrecht besteht im Steuerrecht nur bei den **„Allgemeinen Verwaltungskosten"**. Der Unterschied zwischen der Untergrenze und der Obergrenze in der Bewertung ist damit in der Steuerbilanz deutlich geringer als in der Handelsbilanz.

Abschreibungen nach Steuerrecht

Die Höhe der Abschreibungen hat einen nachhaltigen Einfluss auf die Größe des Gewinns. Die Absetzung für Abnutzung (AfA) im Steuerrecht entspricht der planmäßigen Abschreibung im Handelsrecht. Die Steuergesetzgebung hat Richtzahlen für die Nutzungsdauer der Anlagengegenstände herausgeben, um willkürliche Unterbewertungen über zu hohe Abschreibungen zu vermeiden, z. B. 5 Jahre für Pkw und Lkw, für Transportbänder 7 Jahre.

Das Steuerrecht lässt die lineare Abschreibung (§ 7 EStG) und die degressive Abschreibung zu, verboten ist allerdings die arithmetisch-degressive (digitale) Abschreibung. Der Abschreibungsprozentsatz der geometrisch-degressiven Abschreibung darf 20 % und den zweifachen Satz des entsprechenden linearen Abschreibungssatzes nicht überschreiten.

Ein Bewertungswahlrecht besteht bei den geringwertigen Wirtschaftsgütern des Anlagevermögens.

Wertunter- und Wertobergrenzen im Handels- und Steuerrecht

Die **Wertuntergrenze** wird im Handelsrecht durch die Materialeinzelkosten, Fertigungseinzelkosten und Sondereinzelkosten der Fertigung bestimmt. Es handelt sich um Einzelkosten, die den jeweiligen Produkten direkt zugerechnet werden können.

Die Wertuntergrenze liegt im Steuerrecht höher, weil hier für alle variablen und fixen Kosten des Material- und Fertigungsbereichs eine Aktivierungspflicht besteht.

Herstellungskosten nach HGB und EStG

	HGB	EStG
Materialeinzelkosten	Pflicht	Pflicht
Fertigungseinzelkosten	Pflicht	Pflicht
Sondereinzelkosten der Fertigung	Pflicht	Pflicht
variable Material- und Fertigungsgemeinkosten	Wahl	Pflicht
fixe Material- und Fertigungsgemeinkosten	Wahl	Pflicht
Verwaltungskosten	Wahl	Pflicht
Sondereinzelkosten des Vertriebs	Verbot	Verbot
Vertriebsgemeinkosten	Verbot	Verbot

Wenn alle Wahlmöglichkeiten des Handelsrechts im Hinblick einer Aktivierung von Herstellungskosten wahrgenommen werden, dann ergeben sich in der Höhe der Herstellungskosten zwischen Handelsrecht und Steuerrecht keine Unterschiede. Der folgende Beispielfall zeigt, dass die **Wertobergrenze** von Handelsbilanz und Steuerbilanz übereinstimmt.

Bewertungsspielräume im Handelsrecht und im Steuerrecht

Folgende Kosten eines Industriebetriebes sind bei der Herstellung von 2 000 Stück angefallen:

- Fertigungsmaterial 100 000 €, Materialgemeinkosten 15 %
- Fertigungslöhne 60 000 €, Fertigungsgemeinkosten 125 % Sondereinzelkosten der Fertigung 5 000 €
- Verwaltungskosten 69 000 €, Vertriebsgemeinkosten 46 000 €, Sondereinzelkosten des Vertriebs 7 000 €

Selbstkosten nach Handelsbilanz und Steuerbilanz

(Angaben jeweils in 1 000 €)

	Handelsbilanz		Steuerbilanz	
	Untergrenze	Obergrenze	Untergrenze	Obergrenze
Fertigungsmaterial	100	100	100	100
+ Materialgemeinkosten	–	15	15	15
= Materialkosten	100	115	115	115
+ Fertigunglöhne	60	60	60	60
+ Fertigungsgemeinkosten	–	75	75	75
+ Sondereinzelkosten	5	5	5	5
= Herstellkosten	165	255	255	255
+ Verwaltungskosten	–	69	–	69
+ Vertriebskosten	–	–	–	–
+ Sondereinzelkosten	–	–	–	–
= Selbstkosten	165	324	255	324

■ *Das Handelsrecht gewährt ein Wahlrecht in der Abschreibungsmethode. Ein Bewertungswahlrecht gibt es in der Handels- und Steuerbilanz bei den geringwertigen Wirtschaftsgütern.*
Produkte des Unternehmens und selbst erstellte Anlagen sind nach Handelsrecht und Steuerrecht zu den Herstellungskosten zu bewerten. Die Aktivierungswahlrechte sind im Handelsrecht wesentlich größer als im Steuerrecht. ■

Bilanz-ABC

Die 100 wichtigsten Begriffe in Kurzform zur

- Bilanz
- Gewinn- und Verlustrechnung
- Finanzierung

Abschreibungen

Die Abschreibungen erfassen die Wertminderungen von Vermögensgegenständen, die durch die laufende Nutzung und Alterung eintreten. Sie mindern den Wert des Gegenstandes und sind als Aufwand in der Gewinn- und Verlustrechnung zu verrechnen. Der Wertverlust von Gebäuden, Maschinen, Büroeinrichtungen und Fahrzeugen wird über den Zeitraum ihrer voraussichtlichen Lebensdauer verteilt. Abschreibungen sind in der Handels- und Steuerbilanz sowie in der Kostenrechnung zu erfassen.

Abschreibungsverfahren

Verschiedene Abschreibungsverfahren stehen zur Verfügung, um die Wertminderungen der Anlagegenstände zu erfassen. Die lineare Abschreibung und die geometrisch-degressive Abschreibung sind die wichtigsten Verfahren.

Bei der linearen Abschreibung wird stets derselbe Betrag abgeschrieben. Die Anschaffungs- und Herstellungskosten werden bei der linearen Abschreibung in gleichen Beträgen auf die einzelnen Jahre der Nutzungsdauer verteilt. Der jährliche Abschreibungsbetrag ergibt sich aus dem Anschaffungs- oder Herstellungswert, dividiert duch die gewöhnliche Nutzungsdauer. Die einfache Berechnung ist der Vorteil der linearen Arbschreibungsmethode. Die einmal errechnete Abschreibungssumme kann über die gesamte Nutzungsdauer beibehalten werden. Die lineare Abschreibung berücksichtigt aber nicht, dass die Wertminderung in den ersten Jahren höher ist als später.

Die geometrisch-degressive Abschreibung belastet die ersten Jahre der Nutzung stärker als die folgenden. Es wird jährlich immer der gleiche Prozentsatz vom jeweiligen Restbuchwert abgeschrieben. Die Abschreibungsbeträge fallen deshalb von Jahr zu Jahr, da der Abschreibungssatz unverändert bleibt, aber der Restbuchwert immer kleiner wird. Die geometrisch-degressive Abschreibung erreicht theoretisch nie den Restwert Null. Es ist deshalb sinnvoll und steuerlich erlaubt, von der geometrisch-degressiven auf die lineare Abschreibung überzuwechseln.

Absetzung für Abnutzung (AfA)

Abschreibung im Steuerrecht

Agio

Agio entsteht, wenn die Aktionäre bei der Ausgabe neuer Aktien ein Aufgeld zahlen. Agio ist die Differenz zwischen dem Ausgabekurswert und dem Nennwert der Aktien.

Aktiva

Als Aktiva werden die Bilanzpositionen der linken Seite der Bilanz bezeichnet. Sie gliedern sich in Anlagevermögen, Umlaufvermögen und Rechnungsabgrenzungsposten.

Anhang

Kapitalgesellschaften müssen den Jahresabschluss um einen Anhang erweitern, der mit der Bilanz und der Gewinn- und Verlustrechnung eine Einheit bildet. Der Anhang ist damit ein Teil des Jahresabschlusses. Einzelne Positionen der Bilanz und der Gewinn- und Verlustrechnung werden im Anhang näher erläutert. Die vom Unternehmen angewandten Bilanzierungs- und Bewertungsmethoden sind im Anhang darzulegen. Nicht in der Bilanz ausgewiesene Verpflichtungen sind im Anhang anzugeben.

Anlagen im Bau

Anlagen im Bau sind Gebäude, sonstige Bauten, Maschinen, Transportanlagen und andere Anlagegüter, deren Herstellung noch nicht beendet ist. Keine Rolle spielt es, ob die Herstellung durch das eigene oder ein fremdes Unternehmen erfolgt. Alle entstehenden Aufwendungen werden vorübergehend auf dem Konto „Anlagen im Bau" erfasst und aktiviert.

Anlagen im Bau werden am Bilanzstichtag, sofern die Herstellung noch nicht abgeschlossen ist, in der Schlussbilanz gesondert im Sachanlagevermögen ausgewiesen. Damit wird auch deutlich, dass die Anlagen im Bau nicht der Abschreibung unterliegen.

Ist die Anlage fertig gestellt, dann werden die auf das Konto „Anlagen im Bau" übertragenen Aufwendungen auf das entsprechende Anlagekonto umgebucht und aktiviert, z. B. Gebäude. Das betreffende Anlagekonto zeigt die Herstellungskosten des neuen Aggregates. Sie sind die Bemessungsgrundlage für die Abschreibung (AfA). Der Zeitpunkt der Fertigsstellung ist maßgebend für den Beginn der Abschreibung.

Anlagenintensität

Verhältnis von Anlagevermögen zum Gesamtvermögen (Bilanzsumme) in Prozent.

Anlagevermögen

Das Anlagevermögen beinhaltet die zur langfristigen Nutzung im Unternehmen bestimmten Vermögensgegenstände, z. B. Grundstücke, Gebäude, Maschinen, Anteile an anderen Unternehmen, Geschäfts- oder Firmenwert.

Anschaffungskosten

Gekaufte Anlagegüter sind zu den Anschaffungskosten zu erfassen. Anschaffungskosten sind der Kaufpreis des Anlagegutes zuzüglich Anschaffungsnebenkosten wie Fracht, Montagekosten. Es sind die Nettopreise anzusetzen, die auf der Rechnung ausgewiesene Umsatzsteuer ist als Vorsteuer zu berücksichtigen.

Anzahlungen

Es handelt sich um Vorleistungen eines Vertragspartners. Man unterscheidet erhaltene Anzahlungen und geleistete Anzahlungen.

Anzahlungen auf Anlagen

Geleistete Anzahlungen auf Anlagen sind vertragsmäßige Vorausleistungen. Solche Vorschusszahlungen sind häufig bei:

- Bauvorhaben, infolge der langen Ausführungszeit
- Anlagegütern, die eine Sonder- oder Spezialanfertigung erfordern
- Anlagegütern aus dem Ausland

Geleistete Anzahlungen liegen vor, sobald der Auszahlungsbetrag nicht mehr im Vermögen des Abnehmers ist, z. B. Zahlung durch Scheck und Wechsel, Überweisung, Belastung des Bankkontos.

Anzahlungen auf Anlagen werden wie „Anlagen im Bau" gesondert geführt und in der Bilanz im Sachvermögen ausgewiesen als „Geleistete Anzahlungen auf Sachanlagen". Das Konto „Anzahlungen auf Anlagen" wird über das Schlussbilanzkonto abgeschlossen, wenn das Anlagegut am Bilanzstichtag noch nicht im Unternehmen ist.

Geleistete Anzahlungen sind wie Forderungen zu bewerten. Der gezahlte Betrag gilt, solange mit einer planmäßigen Abwicklung des Auftrags zu rechnen ist.

Assoziierte Unternehmen

Bei Beteiligungen zwischen 20 und 50 % spricht man von assoziierten Unternehmen.

Aufwendungen

Aufwendungen sind der Wert der im Unternehmen verbrauchten Güter und Dienstleistungen. Löhne und Gehälter, soziale Abgaben, Verbrauch von Rohstoffen, Zinsen und Abschreibungen sind Beispiele für Aufwendungen.

Aufwendungen, neutrale

Sie stehen nicht mit der Erstellung der Betriebsleistung in Verbindung. Betriebsfremde, außerordentliche und periodenfremde Aufwendungen werden unterschieden.

Ausgaben

Abfluss von Zahlungsmitteln

Auswertung von Bilanzen

Die Auswertung von Bilanzen spielt eine wichtige Rolle, wenn Unternehmen beurteilt werden, insbesondere bei der Kreditgewährung, der Sanierung, dem Kauf oder der Fusion. Unter Bilanzanalyse (auch Bilanzauswertung, Bilanzzergliederung) versteht man die Beurteilung eines Unternehmens anhand der Bilanz bzw. des Jahresabschlusses. Es werden die Bilanz, die Gewinn- und Verlustrechnung, der Anhang und eventuell auch der Lagebericht ausgewertet. Bilanzkennzahlen zeigen die Anlagenintensität, die Kapitalstruktur, die Finanzierung und die Liquidität. Die Gegenüberstellung einzelner Bilanzpositionen im Rahmen der Bilanzanalyse ermöglicht einen Einblick in die wirtschaftliche Lage des Unternehmens.

Man spricht von externer Bilanzanalyse, wenn Außenstehende – also z. B. Banken, Aktionäre, Lieferanten, Kunden – ein Unternehmen aufgrund der Zahlen der Bilanz und der Gewinn- und Verlustrechnung prüfen und beurteilen. Die Analyse durch Mitarbeiter des Unternehmens nennt man interne Bilanzanalyse. Dieser Personenkreis kennt die Bewertungspolitik, weiß also, ob im Zweifelsfalle die Vermögensverhältnisse und die Ertragslage zu günstig oder zu ungünstig dargestellt wurden.

Außerordentliches Ergebnis

Außerordentliche Aufwendungen und Erträge stehen nicht mit der betrieblichen Leistungserstellung in Verbindung. Sie sind im Gegensatz zu den betriebsgewöhnlichen Aufwendungen und Erträgen nicht regelmäßig wiederkehrend, z. B. Gewinne aus Betriebsveräußerungen, Kosten für einen Sozialplan, außergewöhnliche Schadensfälle.

Berichtsjahr

Geschäftsjahr oder Wirtschaftsjahr

Beteiligung

Beteiligungen sind Anteile an einem anderen Unternehmen, die in der Absicht gehalten werden, eine dauerhafte geschäftliche Beziehung zu der betreffenden Gesellschaft herzustellen.

Betriebs- und Geschäftsausstattung

Die Betriebs- und Geschäftsausstattung ist ein Bilanzposten des Anlagevermögens. Zur Betriebsausstattung gehören z. B. Lager-, Werkstatt- und Kantineneinrichtungen, Sanitärräume. Die Geschäftsausstattung umfasst beispielsweise Büro-, Ausstellungs- und Ladeneinrichtungen, EDV-Anlagen.

Bewertung

Vermögensgegenständen Geldwerte zuzuordnen ist Bewertung. Die einzelnen Posten des Vermögens und des Kapitals sind in der Handelsbilanz in Geldwerten auszudrücken und zu bilanzieren. Bewertungen sind auch in der Steuerbilanz und in der Kostenrechnung vorzunehmen. Unterschiedliche Betrachtungsweisen in der Bewertung führen zu anderen Wertbegriffen. Der Schutz des Gläubigers steht in den Wertbegriffen und Bewertungsvorschriften des Handelsrechts im Vordergrund. Die Bilanz und die Rechenschaftslegung sollen sein Interesse gebührend berücksichtigen. Das Prinzip des Teilhaberschutzes wird dadurch erreicht, dass willkürliche Unterbewertungen von Vermögensgegenständen bzw. Überbewertungen von Schulden nicht mehr erlaubt sind.

Bewertungsfragen spielen im Rechnungswesen eine wichtige Rolle, und zwar in verschiedenen Bereichen:

- Kostenrechnung – Kalkulation der Verkaufs- und Angebotspreise
- Erfolgsrechnung – Ermittlung des Gewinns
- Handelsbilanz – Bewertung des Vermögens und der Schulden am Bilanzstichtag
- Steuerbilanz - Bewertung zu Steuerzwecken

Der verfolgte Rechenzweck ist maßgebend für die Bewertung. So hat das gleiche Gut einen unterschiedlichen Wert, je nachdem, ob es in der Kostenrechnung, der Handelsbilanz, der Steuerbilanz oder der Liquidationsbilanz erscheint.

Die Bewertung hat große Bedeutung in der Bilanz und hat Rückwirkungen auf die Höhe des Gewinns. Ein Wirtschaftsgut kann grundsätzlich nach seinem „Wert" bei der „Anschaffung", seinem Anschaffungswert, bewertet werden. Das Anschaffungswertprinzip orientiert sich an einem Wert in der Vergangenheit. Eine etwaige Wertminderung durch Abnützung oder Zeitablauf wird durch Abschreibungen berücksichtigt. Das Anschaffungswertprinzip folgt dem Grundsatz der nominalen Geldkapitalerhaltung. Bei Inflation ist aber keine reale Kapitalerhaltung gewährleistet.

Wirtschaftsgüter können zum gegenwärtigen Markt- oder Wiederbeschaffungswert bewertet werden, also dem Wert am Bilanzstichtag. Das Tageswertprinzip ist an der substanziellen Erhaltung des Kapitals interessiert. Gewinn liegt erst dann vor, wenn die gestiegenen Wiederbeschaffungspreise in der Erfolgsrechnung berücksichtigt sind.

Bewertungsgrundsätze

Im Handelsrecht und im Steurrecht gibt es Bewertungsgrundsätze, die den Bilanzierenden informieren, mit welchen Wertansätzen er Vermögensgegenstände und Schulden in der Bilanz ausweisen muss.

Der Jahresabschluss soll nach Handelsrecht dem Gläubiger des Unternehmens einen Einblick in die Vermögens-, Finanz-

und Ertragslage ermöglichen. Eine niedrige Bewertung des Vermögens dient dem Gläubigerschutz, da die Vermögenssubstanz nicht besser dargestellt wird, als sie tatsächlich ist. Eine möglichst hohe Bewertung von Verbindlichkeiten und Rückstellungen hat zur Folge, dass das Haftungspotential der Gesellschaft nicht günstiger erscheint, als es in Wirklichkeit ist. Eine Höherbewertung der Schulden und eine Abwertung von Vermögensgegenständen führt zu einem niedriegeren Jahresgewinn und damit auch zu einem geringeren Eigenkapital. Die Gläubigerschutzvorschriften berücksichtigen in gewisser Hinsicht auch die Teilhaberschutzinteressen.

Die steuerlichen Bewertungsvorschriften sind vom Handelsrecht abgeleitet, allerdings sind Korrekturen notwendig. Das Steuerrecht will eine einheitliche Bemessungsgrundlage für die Besteuerung der Erträge. Eine zu starke Senkung der Gewinne wird durch eine Einengung der Entscheidungsspielräume in der Bewertung erreicht.

Bewertungswahlrecht

Das Handelsrecht gewährt zuweilen ein Wahlrecht, ob eine getätigte Ausgabe als Aufwand in der Gewinn und Verlustrechnung erfasst oder als Vermögensposten bilanziert wird.

Bilanz

Sie ist ein Teil des Jahresabschlusses. Die Bilanz ist eine Gegenüberstellung von Vermögen und Kapital zu einem bestimmten Stichtag. Auf der linken Seite der Bilanz, der Aktivseite, wird das Vermögen in seiner Zusammensetzung gezeigt.

Die rechte Seite, die Passivseite, informiert über die Herkunft des Kapitals. Eigenkapital und Fremdkapital sind zu unterscheiden.

Bilanzanalyse

Auswertung des Jahresabschlusses und des Lageberichts

Bilanzänderungen

Bilanzänderung bedeutet, einen richtigen Bilanzansatz durch einen anderen zu ersetzen. Eine Bilanzänderung kann vorgenommen werden, wenn handelsrechtlich oder steuerrechtlich ein Bilanzierungs- oder Bewertungswahlrecht besteht. Bilanzänderungen wirken sich wie Bilanzberichtigungen auf die folgenden Geschäftsjahre aus. Die auf den Bestandskonten vorgetragenen Anfangsbestände sind im Rahmen der vorbereitenden Abschlussbuchungen entsprechend zu korrigieren.

Bilanzberichtigungen

Bilanzberichtigungen ergeben sich bei Unternehmen häufig im Anschluss an eine Außenprüfung durch das Finanzamt. Ein Bilanzansatz ist falsch und muss deshalb durch den richtigen ersetzt werden. Der Prüfer hat beispielsweise festgestellt, dass ein bilanziertes Wirtschaftsgut falsch bewertet worden ist.

Bilanzfälschung

Bilanzfälschung ist die bewusst falsche Gestaltung des Jahresabschlusses durch Missachtung von Bilanzierungs- und Bewertungsvorschriften. Bilanzfälschung ist strafbar.

Bilanzgewinn

  Jahresüberschuss
+ Gewinnvortrag
+ Entnahme aus den Rücklagen
- Verlustvortrag
- Einstellung in die Rücklagen
= Bilanzgewinn

Bilanzkennzahlen

Die Aufbereitung und Auswertung von Bilanzen erfolgt mit Hilfe von Bilanzkennzahlen. Die verschiedenen Positionen der Bilanz werden zu Hauptpositionen zusammengefasst: Sachanlagen, Vorräte, Forderungen und flüssige Mittel auf der Aktivseite, entsprechend auf der Passivseite Eigenkapital, langfristiges und kurzfristiges Fremdkapital.

Die Hauptpositionen werden sodann in Prozent der Bilanzsumme ausgedrückt. Vermögensstruktur und Kapitalaufbau werden erkennbar, wenn die Eigenkapitalquote und der Verschuldungsgrad bekannt sind. Das Verhältnis von langfristig gebundenem Vermögen zum Eigenkapital bzw. dem langfristigen Kapital ist sodann festzustellen. Die Kennzahl „Anlagendeckung" ist zur Beurteilung der Finanzierung unerlässlich. Die flüssigen Mittel und andere Positionen des Umlaufvermögens werden in den Liquiditätsgraden in Beziehung zu den kurzfristigen Verbindlichkeiten gesetzt.

Bilanzmanipulationen

Der Gesetzgeber gewährt in der Handelsbilanz und in geringerem Umfang in der Steuerbilanz Bilanzierungswahlrechte und Bewertungsspielräume. Bilanzmanipulation beginnt dann, wenn der gesetzlich zulässige Spielraum für bilanzpolitische Maßnahmen überschritten und Bilanzen manipuliert werden. Banken, Lieferanten, Kunden, Anteilseigner und das Finanzamt können durch eine kaufmännische Bilanz, die die Vermögenslage und die Finanzverhältnisse falsch darstellt, zu Fehlentscheidungen verleitet werden. Die kaufmännische Bilanz ist für Außenstehende die wichtigste Informationsquelle über ein Unternehmen.

Eine Verletzung der Buchführungs- und Bilanzierungspflicht sowie eine spätere Überschuldung oder Zahlungsunfähigkeit sind Straftatbestände. Wer aufgrund gefälschter oder unvollständiger Bilanzen, Vermögensübersichten sowie Gewinn- und Verlustrechnungen einen Kredit erlangt, erfüllt den Tatbestand des Kreditbetruges. Der Kreditbetrug ist ein Straftatbestand. Urkundenunterdrückung liegt vor, wenn der Unternehmer seine Buchführung vernichtet. Diese hat als Urkunde eine Beweisfunktion.

Der Tatbestand des Computerbetruges ist gegeben, wenn jemand vermögensrechtliche Vorteile erlangt durch die Manipulation bei der Eingabe von Daten, oder dies in der Verarbeitungsphase durch ein bestimmtes Programm erfolgt. Computerbetrug wird mit Geldstrafe oder mit einer Freiheitsstrafe bestraft.

Bilanzpolitik

Bilanzpolitik bedeutet die gezielte Beeinflussung des Jahresabschlusses, um den Vermögens- oder Gewinnausweis schlechter oder besser darzustellen. Das Ausmaß der Bilanzierungs- und Berwertungswahlrechte bestimmt, inwieweit Bilanzpolitik betrieben werden kann.

Bilanzstichtag

Der Bilanzstichtag ist der Zeitpunkt, zu dem der Jahresabschluss erstellt wird.

Buchführung

Die Buchführung ist die planmäßige Erfassung der Geschäftsvorfälle in zeitlicher Reihenfolge; sie liefert die Daten für die Bilanz und die Gewinn- und Verlustrechnung.

Buchung

Die Buchung ist die Erfassung und Dokumentation eines Geschäftsvorfalles im Rahmen der Buchführung.

Cashflow

Der Cashflow (Kassenzufluss) ist eine Kennzahl zur Beurteilung der Finanz- und Ertragskraft eines Unternehmens. Er wird aus der Summe des Jahresüberschusses, der Abschreibungen und den Zuführungen zu den Rückstellungen gebildet. Der Cashflow kann für Investitionen, die Schuldentilgung und die Gewinnausschüttung verwendet werden.

Debitoren

Als Debitoren werden die Kunden des Unternehmens bezeichnet, gegenüber denen Forderungen (Außenstände) bestehen.

Disagio

Disagio entsteht, wenn der Ausgabebetrag eines Darlehens geringer als der Rückzahlungsbetrag ist.

Eigenleistungen

Eigenleistungen sind innerbetriebliche Leistungen des Unternehmens, die nicht für den Verkauf bestimmt sind. Sie treten in einem Unternehmen in zwei verschiedenen Formen in Erscheinung. Einmal als Gemeinkostenleistungen, wenn spezielle Abteilungen bestimmte Aufgaben für andere Kostenstellen erbringen, z. B.:

- Reparaturleistungen
- Hausverwaltung
- eigene Energie
- eigene Kantine

Die Gemeinkostenleistungen werden für andere Kostenstellen erbracht, sie werden auch mit den entsprechenden Kosten belastet.

Anders verhält es sich im zweiten Fall. Industriebetriebe sind oft in der Lage, Anlagen in Eigenleistung zu errichten, z. B. Maschinen, Vorrichtungen oder Gebäude. Eine solche Eigenleistung führt zu einem Vermögenszuwachs, der Wert des Anlagevermögens erhöht sich. Die aufgewendeten Materialien und Löhne sind Herstellungskosten, steuerlich Herstellungsaufwand.

Aktivierungspflichtige innerbetriebliche Eigenleistungen liegen vor, sobald die Herstellkosten über 410 € (netto) liegen und ein selbstständiges Wirtschaftsgut mit einer Nutzungsdauer von über einem Jahr vorliegt. Auch werterhöhende Instandhaltungsarbeiten sind zu aktivieren. Nicht aktivierungspflichtige innerbetriebliche Eigenleistungen sind Reparaturen der eigenen Handwerker an Maschinen, am Gebäude.

Eigenkapital

Eigenkapital ist das haftende Kapital eines Unternehmens und gehört den Eigentümern (Aktionäre). Das Eigenkapital setzt sich bei der Aktiengesellschaft aus dem Grundkapital, der Kapitalrücklage, den Gewinnrücklagen und dem nicht ausgeschütteten Bilanzgewinn zusammen.

Eigenkapitalquote

Die Eigenkapitalquote ist das Verhältnis des Eigenkapitals zur Bilanzsumme. Der Sonderposten mit Rücklageanteil wird in der Bilanzanalyse meist mit 50 % beim Eigenkapital eingerechnet.

Eigenkapitalrentabilität

Die Eigenkapitalrentabilität ist die Beziehung von Gewinn (Jahresüberschuss) zu Eigenkapital.

Erlöse

Erlöse sind der Gegenwert aus Verkäufen. Sie sind die Summe der Rechnungsbeträge für die verkauften Waren und Dienstleistungen, wobei Rabatte, Skonti und Umsatzsteuer abzuziehen sind. Erlöse sind die größte Position der Erträge.

Erträge

Erträge sind ein Sammelbegriff für die verschiedenen Positionen der Gewinn- und Verlustrechnung, die zu einem Vermögenszuwachs führen. Verkaufserlöse, Zinserträge und Provisionseinnahmen sind Beispiele für Erträge.

Equity-Methode

Assoziierte Unternehmen (Beteiligungen zwischen 20 und 50 %) werden mit ihrem Beteiligungsbuchwert in der Konzernbilanz ausgewiesen.

Finanzanlagen

Anteile an verbundenen Unternehmen, Beteiligungen und langfristige Ausleihungen werden im Anlagevermögen unter Finanzanlagen erfasst.

Finanzierung

Finanzierung ist die Kapitalbeschaffung für betriebliche Vorhaben und die Steuerung des Einnahmen- und Ausgabenstromes im Unternehmen. Die Kapitalbeschaffung kann über die Eigenfinanzierung und die Fremdfinanzierung erfolgen. Das betriebliche Finanzwesen umfasst die Planung, die Steuerung und die Kontrolle der finanziellen Mittel:

- Kapitalbeschaffung = Finanzierung
- Kapitalverwendung = Investition
- Kapitalverwaltung = Zahlungs- und Kreditverkehr

Die Beschaffung des Kapitals erfolgt bei der Außenfinanzierung von außerhalb der Unternehmung. Innenfinanzierung bedeutet, dass das benötigte Kapital vom Unternehmen selbst erwirtschaftet wird.

Bei der Eigenfinanzierung wird das Kapital von den Eigentümern zur Verfügung gestellt, das Unternehmen erhält vom Inhaber oder den Gesellschaftern Finanzmittel. Dies kann durch die Zuführung von Mitteln von außen in Form der Kapitalerhöhung geschehen oder dadurch, dass Gewinne im Unternehmen belassen werden, also nicht an die Eigentümer ausgeschüttet werden. Bei der Fremdfinanzierung erhält das Unternehmen Kapital von Dritten, das nach der Fristigkeit in kurz-, mittel- und langfristig eingeteilt wird.

Firmenwert

Geschäftswert

Flüssige Mittel

Kasse, Schecks und die täglich fälligen Gelder auf Bank, Postgiro- und Landeszentralbankguthaben sind flüssige Mittel.

Forderungen

Forderungen sind Ansprüche gegenüber Dritten auf Geld- und Sachleistungen.

Fremdkapital

Zum Fremdkapital rechnet man Lieferantenverbindlichkeiten, Bankschulden, Rückstellungen und passive Rechnungsabgrenzungsposten. Fremdkapital ist die Gesamtsumme der über die Fremdfinanzierung aufgenommenen Geldmittel. Banken, Lieferanten und Dritte stellen diese Geldmittel zur Verfügung. Nach der Fristigkeit ist zwischen kurz-, mittel- und langfristigem Fremdkapital zu unterscheiden.

Genehmigtes Kapital

Der Vorstand kann in Höhe des genehmigten Kapitals, mit Zustimmung des Aufsichtsrats, das Grundkapital durch Ausgabe neuer Aktien erhöhen.

Geringwertige Wirtschaftsgüter

Geringwertige, einer selbständigen Nutzung unterliegende Vermögensgegenstände können im Jahre der Anschaffung sofort abgeschrieben werden. Die Anschaffungs- oder Herstellungskosten müssen ohne Umsatzsteuer unter 410 € (ab 1.1.2002; bis 31.12.2001 800 DM) liegen.

Gesamtleistung

  Umsatzerlöse
\+ Bestandserhöhung
\- Bestandsminderung
\+ aktivierte Eigenleistung
= Gesamtleistung

Geschäftswert

Der Geschäftswert ist ein immaterielles Wirtschaftsgut und stellt den Wert der Organisation des Unternehmens, den Kundenstamm usw. dar. Nur der erworbene Geschäftswert ist bilanzierungsfähig.

Gesetzliche Rücklage

Bei der AG sind 5 % des Jahresüberschusses in die gesetzliche Rücklage einzustellen, bis die gesetzliche Rücklage 10 % des Grundkapitals erreicht.

Gewinn

Positiver Saldo zwischen Erträgen und Aufwendungen

Gewinn- und Verlustrechnung (G+V-Rechnung)

Die Gewinn- und Verlustrechnung, auch Ergebnisrechnung genannt, ist ein Teil des Jahresabschlusses. Sie zeigt die Aufwendungen und Erträge des abgelaufenen Geschäftsjahres. Der Saldo zwischen Erträgen und Aufwendungen ist der Jahresüberschuss bzw. Jahresfehlbetrag. Der Bilanzgewinn oder Bilanzverlust ergibt sich, wenn auch die Zuführungen und Auflösungen von Rücklagen sowie der Gewinnvortrag oder Verlustvortrag berücksichtigt werden.

Gewinnrücklagen

Sie werden in der Bilanz gesondert ausgewiesen, sind aus dem Gewinn in früheren Jahren oder des laufenden Jahres gebildet worden.

Gezeichnetes Kapital

Das gezeichnete Kapital entspricht der Summe der Nennbeträge der Anteile der Gesellschaft, bei der AG das Grundkapital, bei der GmbH das Stammkapital.

Grundkapital

Gezeichnetes Kapital der AG

Grundsätze ordnungsmäßiger Buchführung (GoB)

Sie sind allgemein anerkannte Regeln und Gepflogenheiten der Kaufleute bei der Führung der Handelsbücher und der Erstellung des Jahresabschlusses.

Haben

In der doppelten Buchführung rechte Seite eines Kontos

Handelsbilanz

Die Handelsbilanz ist der nach handelsrechtlichen Vorschriften erstellte Jahresabschluss, bestehend aus Bilanz sowie Gewinn- und Verlustrechnung. AG und GmbH müssen noch einen Anhang anfertigen.

Herstellungskosten

Herstellungskosten sind die Kosten, die dem Produkt unmittelbar zugerechnet werden können. Sie sind ein Begriff des Handelsrechts und des Steuerrechts und sind nicht identisch mit den in der Industriekalkulation verwendeten „Herstellkosten". Erworbene Anlagegüter sind zu den Anschaffungskosten zu bewerten, während die Herstellungskosten Wertmaßstab für die im Unternehmen hergestellten Wirtschaftsgüter des Anlage- und Umlaufvermögens sind. Selbst erstellte Anlagen sowie fertige und unfertige Erzeugnisse sind in der Bilanz zu den Herstellungskosten auszuweisen.

IAS – International Accounting Standards

Mit den IAS wird eine Angleichung der internationalen Standards der Rechnungslegung angestrebt, damit die Jahresabschlüsse weltweit vergleichbar werden. Wie bei den US-GAAP hat die Informationsfunktion für den Kapitalanleger die größte Bedeutung.

Immaterielle Vermögensgegenstände des Anlagevermögens

Sie sind ein Teil des Anlagevermögens und beinhalten Rechte wie Patente, Lizenzen, Gebrauchsmuster und Warenzeichen.

Imparitätsprinzip

Gewinne dürfen erst nach Abschluss der Leistungserstellung und des Gefahrenüberganges ausgewiesen werden; Verluste sind dagegen bereits beim Abschluss darzustellen (Vorsichtsprinzip).

Innenfinanzierung

Das Unternehmen beschafft sich bei der Innenfinanzierung die Finanzmittel aus der Betriebstätigkeit bzw. aus dem Umsatzprozess. Die Innenfinanzierung kann auf verschiedene Weise erfolgen: Einbehaltung von Gewinnen, Abschreibungsgegenwerte, Bildung von Pensionsrückstellungen, Vermögensumschichtungen.

Inventar

Bestandsverzeichnis des Vermögens und der Schulden zu einem Stichtag.

Inventur

Aufnahme des Vermögens und der Schulden zu einem Stichtag.

Investitionen

Zugänge im Anlagevermögen werden als Investitionen bezeichnet.

Jahresabschluss

Kaufleute müssen zum Beginn eines Handelsgewerbes und zum Schluss eines jeden Geschäftsjahres einen Abschluss erstellen (§ 242 HGB). Bilanz und G+V-Rechnung bilden den Jahresabschluss bei Einzelkaufleuten und Personengesellschaften. Der Jahresabschluss der AG und der GmbH umfasst zusätzlich einen Anhang. Mittlere und große Kapitalgesellschaften müssen darüber hinaus einen Lagebericht für den Geschäftsbericht anfertigen. Der Jahresabschluss von Kapitalgesellschaften und Genossenschaften ist von externen Prüfern zu kontrollieren. Der Jahresabschluss soll unter Beachtung der Grundsätze ordnungsmäßiger Buchführung ein den tatsächlichen Verhältnissen entsprechendes Bild der Vermögens-, Finanz- und Ertragslage vermitteln. Der Jahresabschluss dient der Rechenschaftslegung und soll bestimmte Personengruppen informieren.

Der Jahresabschluss von Kapitalgesellschaften (AG, KGaA, GmbH) umfasst zusätzlich einen Anhang, in dem einzelne Bilanzpositionen näher zu erklären sind. Der Anhang bildet mit der Bilanz sowie der Gewinn- und Verlustrechnung eine Einheit (§ 264 Abs.1 HGB).

Jahresabschluss von Kapitalgesellschaften

Bilanz	**G+V-Rechnung**	**Anhang**
▪ Vermögen nach der Liquidität ▪ Schulden nach der Dringlichkeit	▪ Gliederung nach der Staffelform	▪ Einzelne Posten von Bilanz und G+V-Rechnung erklären ▪ Hinweise zu Bewertungsmethoden

Der Vorstand der AG und die Geschäftsführer der GmbH sind zur Aufstellung des Jahresabschlusses verpflichtet. Sie müssen ihn auch unterschreiben, da sie die gesetzlichen Vertreter der Kapitalgesellschaft sind.

Kapital

Das Kapital steht auf der Passivseite der Bilanz und gliedert sich in Eigenkapital und Fremdkapital.

Kapitalrücklage

Die Kapitalrücklage entsteht, wenn bei der Ausgabe von Aktien Beträge erzielt werden, die höher als der Nennwert der Aktien sind.

Konsolidierung

Einzelabschlüsse von rechtlich selbstständigen Unternehmen, die aber ihre wirtschaftliche Selbstständigkeit verloren haben, werden im Konzernabschluss zusammengefasst, wobei Doppelzählungen zu vermeiden sind, z. B. Forderungen und Verbindlichkeiten.

Konto

Die Geschäftsvorfälle werden in der Buchhaltung auf Konten chronologisch und systematisch aufgezeichnet. Jedes Konto hat zwei Seiten, Soll und Haben.

Konzern

Der Konzern ist eine wirtschaftliche Einheit von mehreren rechtlich selbstständigen Unternehmen, die unter einer einheitlichen Leitung stehen. Der Konzern erstellt ebenfalls einen Abschluss, der aus Bilanz, Gewinn- und Verlustrechnung sowie Anhang besteht.

Kreditoren

Kreditoren sind Gläubiger. Das Sachkonto „Verbindlichkeiten aus Lieferungen und Leistungen" gliedert sich in Personenkonten der einzelnen Lieferanten.

Lagebericht

Kapitalgesellschaften müssen zum Jahresabschluss einen Lagebericht anfertigen, in dem der Geschäftsverlauf und die Lage des Unternehmens erläutert werden. Der Lagebericht soll durch weitere Informationen eine bessere Gesamtbeurteilung des Unternehmens ermöglichen. Dem Leser soll ein den tatsächlichen Verhältnissen entsprechendes Bild der Gesellschaft vermittelt werden. Auf Vorgänge von besonderer Bedeutung während des Geschäftsjahres ist hinzuweisen, auf die voraussichtliche Entwicklung des Unternehmens ist einzugehen, auch über die Forschung und Entwicklung ist zu berichten.

Langfristige Finanzierung

Die langfristige Finanzierung gibt an, in welchem Umfang das Anlagevermögen und die Vorräte durch Eigenkapital und langfristiges Fremdkapital finanziert sind. Der Wert sollte über 100 % liegen.

Leasing

Miete von Vermögensgegenständen des Anlagevermögens, vielfach besteht später Kaufoption.

Liquidität

Liquidität ist die Fähigkeit eines Unternehmens, seinen Zahlungsverpflichtungen pünktlich und in voller Höhe nachkommen zu können.

Liquiditätsgrad

Der Liquiditätsgrad ist das Verhältnis von flüssigen Mitteln und Forderungen zum kurzfristigen Fremdkapital.

Niederstwertprinzip

Vermögensgegenstände sind zu den Anschaffungs- oder Herstellungskosten in der Bilanz auszuweisen. Wenn der Wiederbeschaffungspreis darunter liegt, dann ist dieser für das Umlaufvermögen zwingend (strenges Niederstwertprinzip). Im Anlagevermögen kann vorübergehend der höhere Anschaffungspreis beibehalten werden (gemildertes Niederstwertprinzip).

Passiva

Passiva sind alle Bilanzposten, die auf der Passivseite der Bilanz stehen, z. B. Eigenkapital, Rückstellungen, Verbindlichkeiten.

Privatentnahmen

Übertragung von Geld- und Sachmitteln aus dem Betriebsvermögen in das Privatvermögen eines Gesellschafters.

Prüfungspflicht

Der Jahresabschluss und der Lagebericht von großen und mittleren Kapitalgesellschaften unterliegen der Prüfungspflicht durch Abschlussprüfer, Steuerberater und Wirtschaftsprüfer.

Rechnungsabgrenzungsposten

Sie grenzen Buchungsvorgänge voneinander ab, wenn Aufwendungen und Ausgaben sowie Erträge und Einnahmen in unterschiedliche Geschäftsjahre fallen. Die Rechnungsabgrenzungsposten werden wie Abschreibungen und Rückstellungen zur genauen Ermittlung des Vermögens und der Schulden am Bilanzstichtag und des periodengerechten Ergebnisses benötigt.

Die erforderliche Erfolgsabgrenzung erfolgt durch Rechnungsabgrenzungsposten, die auf der Aktiv- und der Passivseite der Bilanz auszuweisen sind.

Aktive Rechnungsabgrenzungsposten werden für Zahlungen gebildet, die vor dem Bilanzstichtag für einen Zeitraum nach dem Bilanzstichtag geleistet werden. Es besteht nach § 250 Abs.1 HGB eine Aktivierungspflicht für Ausgaben vor dem Bilanzstichtag, die den Aufwand für eine bestimmte Zeit nach diesem Tag darstellen, z. B. Zinsen, Mieten, Honorare, Versicherungen, Kfz-Steuern.

Passive Rechnungsabgrenzungsposten werden für Einnahmen vorgenommen, die vor dem Bilanzstichtag für Leistungen der kommenden Periode empfangen wurden. Die Leistungen erfolgen also erst eine bestimmte Zeit nach dem Bilanzstichtag, die Einnahme hingegen in der alten Periode. Dieser Zeitraum kann auch mehrere Jahre umfassen. Typische Beispiele sind Vorauszahlungen von Kunden für Zinsen oder die Miete von Mietern. Das Unternehmen hat damit am Bilanzstichtag eine Leistungsverpflichtung, es liegt eine Verbindlichkeit vor.

Rentabilität

Verhältnis von Gewinn zu Eigenkapital bzw. Umsatz.

Rücklagen

Rücklagen sind Eigenkapital, werden aber getrennt vom Grundkapital der Aktiengesellschaft bzw. dem Stammkapital der GmbH ausgewiesen. Sie werden gebildet, um etwaige künftige Jahresverluste ausgleichen zu können.

Offene Rücklagen werden in der Bilanz gesondert unter der Position „Eigenkapital" ausgewiesen. Das „gezeichnete Kapital" wird grundsätzlich zum Nennwert ausgegeben und heißt bei der AG Grundkapital, bei der GmbH Stammkapital. Das satzungsmäßig festgelegte Eigenkapital entspricht also dem gezeichneten Kapital und hat einen fixen Charakter. Das Konto „Rücklagen" soll die Veränderungen des Eigenkapitals auffangen.

Das HGB verlangt in § 266 HGB den gesonderten Ausweis der Kapitalrücklage und der Gewinnrücklagen. Während Gewinnrücklagen aus dem Ergebnis des jeweiligen Geschäftsjahres gebildet werden, entsteht die Kapitalrücklage durch „von außen" in die Kapitalgesellschaft kommende Zahlungen. Werden Anteile von Aktien über dem Nennwert ausgegeben, dann entsteht ein Agio (= Aufgeld), das den Kapitalrücklagen zugeführt wird.

Gewinnrücklagen stammen aus dem Ergebnis des laufenden oder eines früheren Geschäftsjahres, sind also nicht ausgeschütteter Gewinn. Sie sind im Unternehmen selbst gebildetes Eigenkapital. Das Aktiengesetz verlangt, dass jährlich mindestens 5 % des Jahresüberschusses (Reingewinns) der gesetzlichen Rücklage zugeführt wird, bis die gesetzliche Rücklage und die Kapitalrücklage zusammen 10 % des Grundkapitals erreichen (§ 150 Abs. 2 AktG).

Stille Rücklagen oder stille Reserven werden in der Bilanz nicht ausgewiesen, sind aber tatsächlich existierendes Vermögen und Kapital. Dies führt dazu, dass die Summe der vorhandenen Werte im Unternehmen größer ist als die Bilanzsumme. Stille Rücklagen entstehen durch eine Unterbewertung der Aktiva oder durch eine Überbewertung der Passiva. Die Auflösung stiller Reserven erfolgt beim Verkauf der betreffenden Anlagegüter. Der Verkaufspreis des Gutes liegt über seinem Buchwert.

Rückstellungen

Höhe und Zeitpunkt der Fälligkeit sind bei den „echten" Verbindlichkeiten aus Lieferungen und Leistungen bekannt. Bei den Rückstellungen stehen aber die genaue Höhe und der Fälligkeitstermin am Bilanzstichtag noch nicht fest. Rückstellungen sind deshalb zu schätzen. Diese Ungewissheit über Höhe und Zeitpunkt der Fälligkeit unterscheidet sie von den Verbindlichkeiten aus Lieferungen und Leistungen und den sonstigen Verbindlichkeiten im Rahmen der Rechnungsabgrenzung am Jahresende.

Die Bildung von Rückstellungen führt zu einem Aufwand in dem betreffenden Jahr. Das passive Bestandskonto „Rückstellungen" und ein Aufwandskonto sind betroffen. Der Aufwand wird der Periode zugerechnet, in der er entstanden ist. Rückstellungen dienen der periodengerechten Erfolgsermittlung. Die vernünftige kaufmännische Beurteilung der Risiken soll für die Höhe der Rückstellungen Maßstab sein (§ 253 Abs.1 HGB).

Während man in kleinen Unternehmen ein allgemeines Rückstellungskonto für alle anfallenden Fälle verwendet, erfolgt bei größeren Unternehmen eine genaue Bezeichnung, z. B. Rückstellungen für unterlassene Reparaturen.

Rückstellungen werden gebildet für:

- schwebende Prozesse
- Garantieverpflichtungen
- Steuernachzahlungen
- unterlassene Reparaturen
- Pensionsverpflichtungen

Sachanlagen

Das materielle Anlagevermögen wird als Sachanlagevermögen bezeichnet. Grundstücke, Gebäude, Betriebsvorrichtungen, Maschinen sowie Betriebs- und Geschäftsausstattung sind Sachanlagen.

Schlussbilanz

Bilanz am Ende eines Geschäftsjahres.

Selbstfinanzierung

Die Selbstfinanzierung ist eine Finanzierung aus einbehaltenem Gewinn. Sie ist ein Teil der so genannten Innenfinanzierung.

Soll

In der Buchführung linke Seite eines Kontos

Sonderposten mit Rücklageanteil

Sonderposten mit Rücklageanteil können aufgrund steuerlicher Vorschriften gebildet werden. Sie stehen auf der Passivseite der Bilanz und sind nur bedingt Eigenkapital, weil sie bei ihrer Auflösung zu versteuern sind.

Stammkapital

Gezeichnetes Kapital der GmbH

Steuerbilanz

Die Steuerbilanz ist der nach steuerlichen Vorschriften erstellte Jahresabschluss.

Stille Reserven

Stille Reserven oder stille Rücklagen sind nicht im Jahresabschluss sichtbar. Sie entstehen durch Unterbewertung der Aktiva oder durch Überbewertung der Passiva.

Überschuldung

Überschuldung liegt vor, wenn die Vermögensgegenstände geringer als die Schulden sind. Das Eigenkapital ist aufgebraucht bzw. negativ.

Umlaufvermögen

Die kurz- und mittelfristigen Vermögensgegenstände eines Unternehmens werden im Umlaufvermögen erfasst. Kassenbestand, Bankguthaben, Forderungen und Vorräte werden im Umlaufvermögen bilanziert.

Umsatzerlöse

Umsatzerlöse oder Verkaufserlöse entstehen aus dem Verkauf von Produkten oder Dienstleistungen. Rabatte, Boni und Skonti sind abzuziehen.

Umsatzrendite

Umsatzrendite ist die Beziehung von Jahresüberschuss zu Umsatzerlösen und wird in Prozent angegeben.

US-GAAP

Nach der US-Börsenaufsicht Securities and Exchange Commission (SEC) sind Jahresabschlüsse in den USA nach den so genannten „Generally Accepted Accounting Principles" (GAAP) zu erstellen.

Der Zielkonflikt zwischen Investorinteressen und Gläubigerschutz wird in der US-Rechnungslegung wie in den IAS zugunsten des Investors am Kapitalmarkt entschieden. Der periodengerechte Erfolgsausweis ist das wichtigste Kriterium der Rechnungslegung. Die Unterschiede zwischen US-GAAP und IAS halten sich in Grenzen, weil beide von der gleichen Rechnungslegungsphilosophie ausgehen.

Geschäftsvorfälle sind dabei nach ihrer tatsächlichen wirtschaftlichen Bedeutung zu bilanzieren und darzustellen. US-GAAP und IAS verlangen in der Segmentberichterstattung detaillierte Angaben nach Geschäftsfeldern und Regionen. In der Kapitalflussrechnung sind die Zahlungsströme nach Cashflows aus laufender Geschäftstätigkeit sowie Investitions- und Finanzierungstätigkeit anzugeben.

Ein Jahresabschluss nach US-Normen oder den IAS-Normen kann weniger manipuliert werden als ein deutscher Jahresabschluss. Während es bei den Rückstellungen im HGB einen sehr großen Ermessensspielraum gibt, dürfen nach US-GAAP und nach IAS Rückstellungen nur für Verpflichtungen gegenüber Dritten gebildet werden. Sie müssen zudem wahrscheinlich und vernünftig sein. Die Bilanzposition „latente Steuern" hat eine größere Bedeutung, da es in den USA eine deutliche Trennung zwischen Handels- und Steuerbilanz gibt.

Die Rechnungslegung nach IAS ist für europäische Unternehmen einfacher und weniger zeitaufwändig als es eine Rechnungsauslegung nach den US-Normen wäre. Viele Großunternehmen in Europa und Japan erstellen deshalb den

Einzelabschluss im Sinne der jeweiligen nationalen Rechnungslegung und den Konzernabschluss nach IAS.

Verbindlichkeiten

Verbindlichkeiten sind zum Stichtag bestehende Schulden des Unternehmens.

Verbundene Unternehmen

Verbundene Unternehmen sind Gesellschaften, die in den Konzernabschluss der Muttergesellschaft einbezogen und voll konsolidiert werden. Die Muttergesellschaft hält eine Beteiligung von über 50 % an diesen Unternehmen.

Verlust

Negativer Saldo aus Erträgen minus Aufwendungen

Vermögensgegenstand

Wirtschaftsgut, das einzeln veräußert werden kann

Vorräte

Vorräte sind ein Teil des Umlaufvermögens und gliedern sich in Roh-, Hilfs- und Betriebsstoffe; unfertige Erzeugnisse; fertige Erzeugnisse; Handelswaren.

Wertschöpfung

Sie ist der durch die Unternehmenstätigkeit entstandene Wertzuwachs. Der Wertzuwachs errechnet sich aus den Umsatzerlösen abzüglich der Vorleistungen der Lieferanten für bezogene Waren. Die Wertschöpfungsrechnung informiert, in welchem Umfang die Mitarbeiter, die Kapitalgeber, die öffentliche Hand und die Eigentümer daran teilhaben.

Working capital

Das Working capital entspricht dem Nettoumlaufvermögen, der Differenz von Umlaufvermögen und kurzfristigen Verbindlichkeiten.

Zahllast

Umsatzsteuerschuld minus abzugsfähige Vorsteuer

Anhang

Beispiel Bilanz nach Handelsrecht

Maschinenbau AG, Stuttgart
Bilanz zum 31.12.2001
(in 1000 €)

Aktiva		**Passiva**	
Anlagevermögen		**Eigenkapital**	
Immaterielle Vermögensgegenstände	44	Grundkapital	25 000
Sachanlagen		Kapitalrücklage	5 000
– Grundstücke und Bauten	23 041	Gewinnrücklagen	17 700
– Technische Anlagen und Maschinen	26 297	Bilanzgewinn	3 327
– Betriebs- und Geschäftsausstattung	2 807	*(Summe Eigenkapital)*	*51 027*
– Anzahlungen und Anlagen im Bau	4 784	Sonderposten mit Rücklageanteil	1 230
Finanzanlagen	6 714	**Rückstellungen**	
(Summe Anlagevermögen)	*63 687*	Rückstellungen für Pensionen	14 500
		Sonst. Rückstellungen	5 459
Umlaufvermögen		*(Summe Rückstellungen)*	*19 959*
Vorräte	12 357	**Verbindlichkeiten**	
Forderungen und anderes Vermögen	14 759	Verbindlichkeiten gegenüber Banken	14 894
Wertpapiere	5 245	Übrige Verbindlichkeiten	12 548
flüssige Mittel	3 512	*(Summe Verbindlichkeiten)*	*27 442*
(Summe Umlaufvermögen)	*35 873*		
Rechnungsabgrenzung	221	**Rechnungsabgrenzung**	123
	99 781		99 781

Beispiel Gewinn- und Verlustrechnung

Gewinn- und Verlustrechnung
Maschinenbau AG (MAG)
2001

	€
Umsatzerlöse	**172 703 645**
Erhöhung des Bestands an fertigen und unfertigen Erzeugnissen	462 804
Andere aktivierte Eigenleistungen	689 401
Sonstige betriebliche Erträge	956 093
	174 811 943
Materialaufwand:	
Aufwendungen für Roh-, Hilfs- und Betriebsstoffe und für bezogene Waren	– 62 945 918
Aufwendungen für bezogene Leistungen	– 12 132 539
Personalaufwand:	
Löhne und Gehälter	– 54 346 890
Soziale Abgaben und Aufwendungen für Altersversorgung und für Unterstützung	– 11 125 092
Abschreibungen auf immaterielle Vermögensgegenstände und Sachanlagen	– 7 286 900
Sonstige betriebliche Aufwendungen	– 19 345 958
Erträge aus Beteiligungen	412 945
Erträge aus anderen Wertpapieren und Ausleihungen des Finanzanlagevermögens	310 943
Sonstige Zinsen und ähnliche Erträge	12 319
Zinsen und ähnliche Aufwendungen	– 946 360
Ergebnis der gewöhnlichen Geschäftstätigkeit	**7 418 493**
Steuern vom Einkommen und Ertrag	– 2 896 780
Sonstige Steuern	– 394 713
Jahresüberschuss/Jahresfehlbetrag	**4 127 000**
Einstellung in Rücklagen	– 800 000
Bilanzgewinn	**3 327 000**

Stichwortverzeichnis